KABALA'YA UYANIŞ

"Manevi Doyumun Rehber Işığı"

Michael Laitman

ISBN: 978-1-77228-080-7
© Laitman Kabbalah Publishers

YAZAR : **Kabalist Dr. Michael Laitman**
ÇEVİRİ: Laitman Kabbalah Publishers

www.kabala.info.tr

Kapak: Laitman Kabbalah Publishers
Basım Tarihi: 2023

KABALA'YA UYANIŞ
ÖNSÖZ

Bilinen tüm yaratılanlar arasında en mükemmel olanı, insandır. Buna rağmen nesiller boyu aynı soruyu soran da odur: "Yaratılışın amacı ne?" Asırlardır bilim insanları varoluş sebebimizi bulmak için çaba harcıyor ama ne yazık ki bugüne kadar cevabı bulmada başarılı olamadılar. Acı çekiyor, yaşam mücadelesi veriyor ve her nesilde aynı soruyu soruyoruz. Bu şekilde bir cevaba ulaşamayacağımız açık çünkü bilim yetersiz kalıyor.

"Tüm bunlar neden var?" yerine, asıl sormamız gereken "Ne için yaşıyorum?" sorusudur. Doğanın evrim süreci ve yaşayan organizmalar akıl almaz karmaşasıyla bizi şaşırtır. Örneğin yavru hayvanlar birkaç hafta veya ay gibi kısa bir sürede olgunlaşırken, insanın büyümesi yıllar alır. Ama sürecin sonunda insanın, yaratılışın efendisi olduğunu görürüz; oysa geçiş aşamalarında herhangi bir hayvandan daha zayıftır. Eğer son halini biliyor olmasaydık tam tersi bir yargıya ulaşırdık. Öyle görünüyor ki, ne varoluşumuzun anlamını ne de evrim sürecinin sebebini anlıyoruz.

Dünyayı beş duyumuzla algılarız. Görerek, duyarak, koklayarak, tadarak ve dokunarak algıladıklarımız, etrafımızdaki dünya resmini oluşturur. Eğer başka duyulara sahip olsaydık dünyayı farklı hissederdik. Köpeklerin dünyayı koku hissiyle, arıların ise milyonlarca hücreye bölünmüş olarak "gördüğü" bilinmektedir.

Etrafımızda var olanların küçük bir kısmını sınırlı bir şekilde algılıyor olsaydık, etrafımızdakileri hissedebilir miydik? Belki de yaratılış amacımızın sırrı buradadır. Eğer durum buysa, o zaman beş duyumuzla hissedemediklerimizi hissetmek için başka bir hisse, altıncı hisse ihtiyacımız var. Bu hissi nasıl edinebiliriz? Neden bu his bize doğuştan verilmedi?

Bu soruların basit bir cevabı var. Altıncı hissi geliştirmek bize bağlıdır. Çünkü insan gelişim açısından diğer tüm canlılardan oldukça farklıdır ve her şeyi insani ve manevi bir çabayla edinir. Bu ilave hissi bir kez edindiğimizde, kendimizi sonsuza kadar hayvanlardan farklılaştırırız. Yaşayan varlıkların içinde sadece biz insanlar, içimizde saklı bu hissi keşfetme ve geliştirme becerisine sahibiz.

İnsanoğlu nesilden nesile, aşamalı olarak teknolojik, bilimsel, kültürel açıdan gelişip ilerliyor ama evriminin bir noktasında manevi gelişim ve altıncı hissi keşfetme ihtiyacı için içsel bir istek duymalıdır, aksi takdirde acıya tahammül etmesi mümkün olmaz. Kabala bu hissi keşfetmenin yoludur.

İnsanlığın gelişimi bireyin gelişimine benzer, süreç bebeklik, çocukluk, yetişkin ve olgunluk dönemleriyle ilerler. Bu süreç sırasında her türlü yöntemi kullanır, ardından içimizdeki ek hissi keşfedip, tüm yaşamın anlamını, acıların sebebini ve yaratılış amacımızı görmemizi sağlayan farklı bir dünyayı hissetmeye başlarız. Bu hisler dünyayı kontrol etmemizi, acının kaynağını görmemizi ve yaşamın anlamını keşfetmemizi sağlar.

Bnei Baruch Eğitim ve Araştırma Enstitüsü

Kabala'ya Uyanış

Michael Laitman

Bu kitabın amacı maneviyata ilgi duyanlara yardım etmektir. Birçok kaynak, özellikle de Zohar, Kabala için bu zamanları işaret eder. Ruhlarımız asırlar boyu tarihin zor zamanları vasıtasıyla gelişti ve şimdi maneviyatı hissetmeye, sınırlı fiziksel varlığımızın ötesine geçmeye ve ölümlü dünyadan yükselmeye hazır. Kabala'nın popülaritesinin artması, vaktin geldiğinin işareti. Şimdi altıncı hissi geliştirmeye başlayabilir, kendimizi, dolayısıyla da dünyayı daha iyi bir hale getirebiliriz.

Michael Laitman

Kabala'ya Uyanış

GİRİŞ

Bütün otantik Kabala kitapları ızdırap, zulüm gibi acıyı tasvir eden terimlerle doludur. Yaradan'ın amacı yarattıklarına iyilik yapmaktır. Dolayısıyla, haz alma arzusu hemen gerçekleşmediğinde bunu acı olarak tanımlarız. Gimara'da yazıldığı gibi, "eğer elinizi cebinize atıp üç sikke yerine iki sikke bulursanız, acı çekiyorsunuz" demektir.

Kabala ilmi insanda açığa çıkacak ya da çıkmış olan her arzuda sınırsız, ebedi hazzı almaktan bahseder. Mutluluğun çaba sarf etmeden elde edileceği bir yaşamı anlatır. Doğa, bizi mükemmel aşamaya ulaştırmak için zorlar. Bu sebeple, bu aşamanın altındaki her aşama acı olarak tanımlanır.

Sonu gelmeyen haz hissiyle dolu ve varoluşlarını ebedi yaşam ve ölümün ötesinde hisseden Kabalistler, her durumu kendi aşamalarına göre değerlendirir. Hepimizin bu aşamaya er ya da geç ulaşması gerektiğini söylerler. Gelişimimizi mutlak iyiliğe doğru yöneltmek için sıklıkla bizim seviyemizi adaletsizlik, açlık, yoksulluk, hırs, kıskançlık ve bencillik gibi acılarla kuşatılmış geçici, önemsiz bir yaşam olarak tarif ederler. Mevcut duruma alışmış olduğumuzdan, yaşamlarımızı onların tanımladığı gibi hissetmeyiz. Var olmanın başka bir yolunu bilmediğimizden, etrafımızdaki herkesin acıyla mücadele ettiğine tanık oluruz. Bu sebeple Kabalistlerin seviyesini anlamamız ve onların bakış açısıyla yaşamlarımızı değerlendirmemiz bizim için oldukça zordur.

Ama onların resmettiklerini dikkate almamak akıllıca olmaz çünkü onların amacı bizi varoluşun

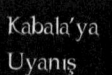

Michael Laitman

mümkün olan en iyi seviyesine yöneltmektir. Birçok bakımdan çocuklarını en iyiye, en mutlu aşamaya ulaşmaları için sürekli olarak motive eden ebeveynler gibidirler. Onların kitapları kalplerimizi ıslah etmeye ve yaşamlarımızı başarıya, huzura ve her şeyden önemlisi mutluluğa yönlendirmeye yardım eden ipuçları ve tavsiyelerle doludur.

Michael Laitman

Kabala'ya
Uyanış

KABALA İLMİ KABALİSTLERİ
Kimler Kabala Çalışabilir?

Zohar'ı öğrenmede hiçbir kısıtlama yoktur.

Hafetz Chaim (1843-1933)

Eğer neslim beni dinleseydi, dokuz yaşında Zohar Kitabı'nı çalışmaya başlardı.

Kabalist İsaac(1806-1874)

Birçok çabadan sonra sadece maneviyat'ın sırlarıyla ilgilendiğinde kişinin ruhu huzur bulur, şüphesiz bilmelidir ki bu onun varoluş sebebidir. Hiçbir engel -dünyasal ya da manevi- kişiyi hayatın kaynağına ve gerçek bütünlüğe doğru koşmaktan alıkoyamaz.

Kabalist Abraham Kook (1865-1935)

Maneviyat öğrenilmek ve öğretilmek için verilmiştir ki küçükten büyüğe hepimiz Efendimizi bilelim. Ve bizler öğrenilmesi gereken bu ilmi çalışmanın önemini vurgulayan Kabalistlerin kitaplarını aramalıyız.

Kabalist Yitzak Ashkenazi, Kutsallığın Arılığı

Henüz küçükken, dokuz ya da on yaşında tüm nesil Zohar Kitabı'nı çalışmaya başlayabilir.

Verimsiz bir kişi şunu söylemesin, "Kuru bir ağaç olduğum için ben kimim ki Kabala kitaplarının içindeki kutsallığa yaklaşayım?" Erdemli kişi bilir ki bu eğilimlerin aklıdır ve bir yalandır. Hiçbir şey anlamasanız bile, Kutsal Zohar'ın sözleri her ruha ulaşır ve ruha iyi gelir; küçük ya da büyük hepsi ruhunun köküne göre oradadır.

Kabalist Tzvi Hirsh Horovitz, Üst Rehberlik, 5.madde

9

> İster zenginlikle, ister (Allah korusun) büyük yoksullukla uğraşan kardeşim, ne için yaşıyorsan o seni (Allah korusun) ilmi çalışmaktan alıkoymasın. Neden tüm bunlar bize ifşa oldu? Neden Kabalist Akiva, Kabalist Şimon Ben Yohai ve Ari'nin çalışmaları haricinde ifşa olmadı? Maneviyat'ın içselliğinden ayrılamazsın, çünkü o olmadan insan hayvana benzer, Tikkunim'de yazdığı gibi, "Tüm beden ottur."
>
> **Kabalist Tzvi Hirsh Eichenstein, Kötülükten Uzak Dur.**

Aslında, kalplerimizi bilindik o sorunun cevabıyla doldurduğumuzda, eminim tüm şüphe ve sorular ufuktan kaybolacak ve siz onların gitmiş olduğunu göreceksiniz. Bu, tüm dünyanın sorduğu bir sorudur, "Hayatımın anlamı ne?" Diğer bir deyişle, yaşamınızın sayılı yılları size ağır gelip, acı vermeye başladığında, onları doyurabilmek için çok çabalamanız gerekir, kim bundan hoşlanır ki?

Asıl olan şudur ki tarihçiler bu soru üzerinde çok düşünmüştür özellikle de bizim neslimizde. Hiç kimse onu dikkate almayı istemez bile. Ama yine de soru her zamankinden daha fazla acı verici ve tartışılır hale gelir. Bazen, dün olduğu gibi yaşam akışına kendimizi bırakmak için yeni taktikler bulmadan önce, bu soru davet edilmeden gelip aklımızı karıştırır ve bizi aşağılar.

Kabalist Yehuda Aşlag (Baal HaSulam), On Sefirot Çalışmasına Giriş, madde 2

Michael Laitman

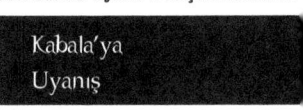

NEDEN İLMİ YAYMAK GEREKLİDİR?

Ruh eşim, gizli olan ilmin ışığını dünyaya yayma gücün var mı? Herkesin kurtuluş zamanının geldiğini bilmesinin vakti geldi ve tüm dünyaya açık bir şekilde manevi ilmin gizli ışığının ilmi yayılmalıdır. Çünkü gizli olan, ifşa olanı ayağa kaldırır.

Kabalist Abraham Yitzhak HaCohen Kook Mektup 2

Şunun yazıldığını gördüm ki, gerçeğin ilmini açıkça çalışmaktan kaçınmak için yukarıdan gelen yasaklama, sadece 1490'dan önceki sınırlı bir dönem içindi, fakat bu tarihten sonra yasaklama kaldırıldı ve Zohar çalışmasının izni verildi. 1540'dan bu yana genç, yaşlı herkesin çalışması büyük gerekliliktir. Dolayısıyla, ihmalkâr olmamalıyız.

Kabalist Chaim David Azulai(1724-1806)

Kurtuluş özellikle Kabala çalışmasına bağlıdır.

Vilna Gaon(1720-1797)

Sadece kitlelere Kabala ilminin yayılmasıyla tam bir kurtuluş elde edilecektir. Hem birey, hem uluslar, yaratılma amaçlarını, onun içsel kısımlarını ve onun sırlarını edinmeden tamamlayamaz. Dolayısıyla, ilmin sirkülasyonunun hızlandırılması için kitaplar yazmalı, seminerler düzenlemeliyiz.

Kabalist Yehuda Aşlag (Baal HaSulam), Yaşam Ağacına Giriş madde 5

Kabala'ya
Uyanış

Michael Laitman

Erdemliliğin tadını bilirsin çünkü ruh onlarla güçlenir ve Yaratıcısı ile beraber olur. Öğrenerek ve çalışarak gelecek dünyada saklı olanı edinmenin yanında, bu dünyada yaşarken de gelecek dünyanın tadının tadını alırlar.

Kabalist Isaiah Horowitz, İlk Makale (1565-1630)

Bize emredildiği için bunu bilmek zorundayız: "Bugünü bil ve kalbinde tut ki Efendin, Tanrı'dır." Dolayısıyla sadece inanmayı değil, onu kalbimizle bilmeyi de taahhüt etmeliyiz.

Kabalist Moshe Lutzato (Ramchal), Musa'nın Savaşının Kitabı (1707-1746)

Michael Laitman

ÇALIŞMANIN FAYDALARI

Gelecekte sadece Zohar Kitabı'nın yardımıyla tüm ruhlar sürgünden çıkacaktır.

Kabalist Şimon Bar Yohai.

Bu çalışmayı öğrenerek kişi, Musa'nın gücüyle beraber ruhların ve erdemli insanların gücünü de uyandırır- çalıştıklarında, bu çalışmanın yazılmasıyla yenilenmiş olan Işığı uyandırırlar ve kutsallık bu Işıktan yayılır ve ışıldar, tıpkı ilk yaratıldığında olduğu gibi, bunu çalışan herkes, Kabalist Şimon Bar Yohai ve dostlarının bu çalışmayı yaparak açığa çıkarttıkları Işığı ve ondan gelen faydayı tekrar uyandırır.

Kabalist Moshe Kordoviro (Ramak) (1522-1570)

Zohar Kitabı çalışması tüm çalışmaların üzerinde en tercih edilendir.

Kabalist Chaim David Yosef Azulai,(1724-1806)

Kutsal Zohar'ın ıslahının çalışması bedeni ve ruhu arındırır ve kurtuluşu yaklaştırır.

Matte Efraim

Kişinin kapları olmasa bile, bu ilimle ilgilendiğinde, Işığın adlarını ve ruhuyla ilgili kapları zikrettiğinde, belli bir derecede onlar hemen üzerine yansır. Ancak, onları alabilme eksikliği olduğu için ruhunun içsel kılıfı olmadan ona yansırlar. Buna rağmen çalışma sırasında kişinin zaman zaman çektiği ışık, kişiyi

13

Kabala'ya
Uyanış

Michael Laitman

kutsallığın bereketi ve arılığıyla doldurur ki bu da kişiyi mükemmele ulaştırır.

Kabalist Yehuda Leib HaLevi Aşlag (Baal HaSulam), On Sefirot Çalışmasına Giriş

Kelimeleri okuduğunda insan neye benzer? İlaç ilmi hakkında bilgisi olmamasına rağmen, iyileşmek için şifa veren iksiri içen hasta bir insana benzer.

Kabalist Moshe Zechuta (Remez) (1625-1698)

Bütün büyük Kabalistler oybirliğiyle derler ki, maneviyat'ın sırlarını yok ettikleri ve onun sırlarını çalışmadıkları sürece, dünyayı yıkıma getirecekler.

Kabalist Abraham Kook, Mektup 2 (1865-1935)

Michael Laitman

Bnei Baruch Eğitim ve Araştırma Enstitüsü

Kabala'ya
Uyanış

TARİH BOYUNCA BÜYÜK KABALİSTLER

Etrafımızdaki dünyanın farklı resimlerini ve izlenimlerini edinme becerimiz nedeniyle, hissettiklerimizi dile getirebilir ve deneyimlerimizi anlatan kitaplar yazabiliriz. Kabala kitapları ise hem fiziksel dünyayı, hem de diğer insanların algılayamadığı manevi dünyayı deneyimleyen kişilerden bahseder.

Bu Kabala kitaplarının özgünlüğüdür. Edinebilir olmasına rağmen, sıradan bir insanın hissedemedikleri anlatır. Bir Kabalist sadece üst dünyaları hisseden değil, aynı zamanda edindiği duyuları herkesin anlayabilmesi için açık bir dille anlatan kişidir. Dolayısıyla bu kitapları çalışarak, geçmiş ve gelecek yaşamları görebilme noktasına kadar üst dünyaları hissetmemizi sağlayan duyuları açığa çıkarabiliriz çünkü maneviyatta zaman kavramı yoktur. Kabala ile sonsuz üst dünyanın hissini edinebilir ve aynı anda her iki dünyada da yaşayabiliriz.

Kabala kitaplarında özel bir güç vardır: doğru rehberlik gözetiminde onları çalışan kişi yazarın manevi derecesini edinir. Bu sebeple hangi kitapların çalışılacağını bilmek önemlidir. Farklı stillerde ve formlarda, değişik edinim derecelerindeki Kabalistlerce yazılmış pek çok kitap mevcuttur. Şimdilerde hangi kitapların manevi dünyaya girmemize yardım edeceğini ve hangilerinin yabancı bir ülkede yolunu kaybetmiş bir insana rehberlik eder gibi, bizi üst dünyalara yönlendireceğini biliyoruz.

Manevi dünyaları anlatmanın birçok yolu var. Manevi dünya ve bizim dünyamız birbirine paralel. Manevi dünyadaki her şey bize oradan iner. Her şeyin

15

Michael Laitman

kökü üst dünyadır. Bizim dünyamıza inen bu güçler, nesneleri kılıflandırır. Fakat maddesel dünyadaki nesnelere mana yüklemekten kaçınmalıyız. Maneviyat bu dünyanın nesnelerinin arkasındaki soyut güçtür ve dünyadaki her şeyi yönetir. Bu şöyle açıklandığı gibi: "Kendine puttan ya da ona benzer bir şeyden bir imaj edinme" (maddesel şeylerde tanrısallık ve maneviyatla ilgili herhangi bir şeyi görmenin yasak olması).

Bu dünyada üst dünyanın bir sonucu olmayan ne bir güç, ne bir fenomen ne de bir nesne vardır. Dolayısıyla Kabalistler manevi nesneleri tanımlamak için bizim dünyamızın kelimelerini kullanır.

Henüz manevi perdeyi edinmemiş sıradan bir insan, Kabala kitaplarını peri masalı gibi okur. Buna rağmen Kabalistler mevcut olan şeylerin manevi dünyadaki kökünü bildiklerinden, dünyasal kelimelere önem vermezler.

Tora, bu şekilde yazılmıştır. Tora diye tanımlanan kitap bir dini veya gelenekler kitabı olmayıp "kılavuzluk yapan ışık" anlamında tanımlanmıştır. Herhangi bir kesime ait olmayıp maneviyatı özlemleyen, Yaradanla bütünleşmek isteyen tüm herkes için yazılmıştır. Peygamberlerin kitapları ise farklı bir dille yazılmıştır, Talmud manevi dünya yasalarını dünyamızdaki eylemler, kurallar ve emirlerle anlatır. Bu yüzden Talmud'un kelimelerinin arkasında üst dünyanın nesnelerini ve eylemlerini görmeliyiz.

Bir sonraki bölümde, başlangıçtan bugüne kadar yazılan önemli Kabala kitaplarını ve onların tarihin en büyük Kabalistleri olan yazarlarını inceleyeceğiz.

ÂDEM, İLK İNSAN

Kabala tarihi insanlık tarihi kadar eskidir. Âdem'in yeryüzünde ortaya çıkışıyla, insanoğlunun manevi evrimi de başlamış olur. Âdem, ilk Kabala kitabı Melek Raziel'in yazarıdır.

Bu dünyada yaşayan bir insan, sadece etrafındaki dünyanın doğasını hisseder. Her iki dünyayı eş zamanlı olarak hisseden kişilere ise Kabalist denir. İlk insan iki dünyayı da hissetti ve bunu kitabında anlattı. Âdem'in yazdığı bu kitap ilginç resimler, açıklamalar ve diyagramlarla doludur.

Kitabı açtığınızda yazarın uygarlaşmamış, eğitilmemiş bir mamut avcısı olduğunu düşünebilirsiniz, oysa o yüksek derece bir Kabalistti. Yaratılışın temel sırlarını keşfetti ve biz doğmadan önce ruhlarımızın var olduğu üst dünyayı, ruhların yeryüzüne inip, öldükten sonra tekrar üst dünyaya dönmesini bildi ve çalıştı.

Dünyamıza inen ilk ruh olan ilk insan, evrimi ve diğer ruhların düşüşünü anlatır. Dünya üzerindeki bedenlerden değil, kendisinden gelen ruhlardan, çocuklarının ve torunlarının ruhlarından bahseder. Ondan meydana gelen insanlıktan, neler olacağından ve köke nasıl geri döneceğimizden bahseder.

Parçası olduğumuz, bizden daha yüksek seviyedeki tek ruhu anlatır. Bu onun Melek Raziel kitabında anlattıklarıdır. Raziel kelimesi İbranice raz kelimesinden gelir - yaratılış sırlarını ortaya çıkaran sır meleği.

Michael Laitman

İBRAHİM PEYGAMBER

İlk insanın kitabından sonra gelen kitap, İbrahim Peygamberin kitabıdır. Yaratılış Kitabı (Sefer Yetzira), çok özel, anlaması oldukça zor ve birkaç düzine sayfadan oluşmuş özet bir kitaptır. Binlerce yıldır kitabın varlığından haberdarız fakat İbrahim bu kitabı insanın çalışması ve manevi dünya hissini edinmesi için oluşturmamış olduğundan, onunla çalışmak mümkün değildir. Onun amacı üst dünyaların edinimini öğretmek değil, fakat bu dünyayla ilgili keşfettiği birkaç prensibin altını çizmekti.

İbrahim Peygamber, dünyamızla manevi dünya arasındaki etkileşimi, manevi dünyanın işleyişini ve manevi güçlerin yeryüzüne inip bu dünyanın bedenlerini nasıl kılıflandırdıklarını anlatmıştır. Kitap her bir bedenin yukarıdan nasıl özel bir güç aldığını ve bu üst gücün etkisiyle insanlığın nelerle karşılaşacağını anlatır.

Yaratılış Kitabı, Melek Raziel kitabından farklı bir şekilde yazılmıştır. Mishniot denilen bölümlere ayrılmıştır ve dili daha anlaşılırdır. İbrahim manevi dünyanın yapısını, On Sefirot'u (manevi realitenin nitelikleri), partzufimleri (manevi nesneler ya da sistemler), yönetim sistemlerini, üst gücün (ışık) nasıl indiğini, nasıl dengelendiğini ve kolektif ruhun belli bir düzende inerek nasıl bireysel ruhlara bölündüğünü anlatmıştır. Ruhlarla onları kılıflandıran bedenlerin arasındaki ilişkiyi de anlatır.

İbrahim'i karakterize eden nitelik, hesed (iyilik) olarak adlandırılır. İbrahim iyikseverliğiyle bilinirdi. Kitap, gelecek neslin manevi edinimine ve gelişmesine

olanak veren onun iyiliğinin gücünü bize aşılar. Fakat İbrahim'den sonra gelen nesil, yeni bir evrime ve Kabalistlere ihtiyaç duydu.

MUSA, TORA VE DALLARIN DİLİ

Melek Raziel ve Yaratılış Kitabından sonraki en önemli eser Zohar Kitabı'dır, İbrahim Peygamber'den, Zohar'a kadar olan sürede birçok büyük Kabalist yetişmiştir, bunların en büyüğü Musa'dır.

Musa edindiği ifşanın tüm insanlığın öğrenmesini sağlaması bakımından diğer Kabalistlerden farklıdır. Daha önceki dönemlerde bu olmamıştı. Ondan beridir tüm Kabalistler çalışma grupları oluşturmuşlardır.

Musa'nın yetmiş öğrencisi vardı, Nuh'un oğlu Joshua, onun ilmini ve liderliğini miras almış tek öğrencisidir. Musa üst dünyayı keşfetmekten daha fazlasını yaptı, örneğin Mısır'dan çıkış denilen manevi edinimin, yaşamın içine uyarlanmasıyla ilgilendi. Edindiği ilim ve yukarıdan aldığı üst güçlerle, İsrail halkını sürgünden çıkardı.

Musa'nın görevi İsrail halkını Mısır'dan çıkarmak ve insanların idollere, nesnelere, güneşe ve diğer sahte tanrılara tapınmasını durduracak -Mısır'ı terk edip, üst dünyaları fethetmesini sağlayacak- bir kitap yazmaktı. Atzilut dünyası denilen -sonsuzluğun ve bütünlüğü dünyası- İsrail'in manevi topraklarına girişi mümkün kılmak istiyordu. Bu, insanın zamanın ve uzayın ötesinde içsel olarak edindiği bir aşamadır.

Musa'nın kitabında açıkladığı metoda, or (ışık) kelimesinden gelen Tora (Kılavuzluk yapan ışık) denir.

Kabala'ya Uyanış

Michael Laitman

Tora, manevi dünyaya girebilmek için ışığın nasıl kullanılacağını, bu dünyadaki geçici hayat yerine nasıl sonsuz bir amaç için yaşanılacağını anlatan talimatları içerir. Bu kitap vasıtasıyla insan çok küçük bir kısmını deneyimlediği halde tüm yaratılış resmini idrak eder. Kitabı çalışan kişi doğru analiz yaparak, nihai amaca, Musa'nın edinmemizi istediği amaca erişebilir. Bu Musa'nın geliştirdiği metodu çalışan kişinin aşamalı olarak başardığı şeydir.

Musa'nın metodu, yeryüzünde yaşayan herkesin onun manevi seviyesine ulaşmasına olanak verir yani kişi duyuları vasıtasıyla bu dünyadan ayrılıp tüm yaratılışa karışabilir. Musa kelimesinin İbranice kökü Moshe'nin anlamı, bu dünyadan çıkmaktır. Moshe (Moşe) kelimesi anlamı "Çekmek, dışarıya çekmek" manasında olan Limşokh kelimesinden gelir. Tora, bir halkın Mısır'dan çıkışının tarihi bir hikâyesi gibi görünür. Oysa gerçekte Mısır denilen maddesel aşamadan çıkıp, "İsrail Toprakları" denilen daha yüksek bir seviyeye yükselişi anlatır.

Musa dalların dilini kullandı. Bizim dünyamızın eylemlerinin, duyularının ve nesnelerinin adlarını kullandı fakat aslında bu kelimeleri kullanarak manevi dünyadaki güçleri anlattı. Tüm bu konular insanlığın gelişimiyle ilgili tarihi bir masal gibi anlatılmıştır. Tora insan gelişiminde belli bir çağı anlatır gibi görünmesine rağmen aslında manevi köklerden bahseder.

Eğer Tora'yı yalnızca tarihi bir belge gibi görmezsek, üst dünyalardan bize inen manevi güçleri algılayabiliriz. Et ve kan, Musa ve Firavun ya da hayvanlar ve uluslar yerine manevi güçleri görürüz.

Michael Laitman

Kabala'ya
Uyanış

Eğer Tora'nın dış kabuğunu kaldırırsak, bu dünyadan uzak tamamen farklı bir resim görürüz. Sonra aşamalı olarak bu güçlere yaklaşır ve onları manevi yükseliş için kullanabiliriz.

Yetmiş öğrencinin yardımıyla Musa, manevi yükseliş rehberi oluşturdu. Birçok kopyasını çıkararak gruplar oluşturdu ve beraberce "İsrail'in halkı" olarak bilindiler. Dolayısıyla, İsrail halkı bir grup Kabalisttir ve bu ulusa ait olmak maneviyata özlem duymak olarak tanımlanır.

Tora kitabında Musa üst dünyayla temas kurmak için bir bilim geliştirdi. Fakat çoğu insan için, onda aile destanından ve tarihinden daha derin bir mana bulmak oldukça zor hatta imkânızdır. Kabalistlerin bize söylediklerine göre, ondaki gizi hissetmeyi başaramıyoruz bile.

Michael Laitman

TORA'YI OKUMAK İÇİN ZOHAR'I KULLANMAK

İnsanlar Tora'da türlü çeşitte şifre arar ve bölümler arasındaki bağlantıyı bulmaya çalışır. Aslında Tora'nın bölümleri sınırsız sayıdaki yolla harflerin, kelimelerin, ayetlerin ve deyimlerin sayı değerleri birbirine bağlıdır. Yakın zamanda harika bir çalışmayla harflerin içsel yapısının analizi yapıldı. Fakat bu hesaplamalar bize hiçbir şey vermez. Onlar bize her sembolün, noktanın ya da harfin arkasındaki anlamı öğretemez.

Tora ilk olarak hiç boşluk bırakılmadan kesintisiz olarak tek kelime halinde yazıldı. Ancak daha sonra bu tek kelime bireysel kelimelere, kelimeler harflere ve harflerde parçalara ayrıldı. Sonunda bu parçalar noktaya ve ondan uzanan çizgilere dönüştü. Beyaz bir zemin üzerindeki siyah nokta ışığın kaynağını sembolize eder: ışık tek bir noktadan akar. Eğer ışık üst güçten, Yaradan'dan yaratılana inerse, bu dikey bir çizgidir; eğer güç tüm yaratılışa yönelirse, bu yatay çizgidir.

Yaradan'dan edindiğimiz tüm bilgi budur. Noktalar ve çizgiler arasındaki mümkün olan tüm kombinasyonlar, Yaradan'dan bize gönderilen bu iki işarete bağlıdır.

*Dikey çizgi - Yaradan tarafından insanlığa gönderilmiş özel işaret.

*Yatay çizgi - Yaradan tarafından insanlığa gönderilmiş genel işaret.

*İkisinin arasındaki tüm durumlar

Tüm bu işaretlerin kombinasyonu, Tanrı'yla insanlık arasındaki ilişkinin şifresidir, herhangi bir anda her şey farklılaşabilir çünkü her an ruh farklı bir aşamadadır.

Tora'yı doğru okumayı öğrenen kişi, harflere baktığında kendi geçmişini, bugününü ve geleceğini, noktaların ve çizgilerin kombinasyonu yoluyla görebilir. Fakat bunları görebilmek için kişinin bir anahtara ihtiyacı vardır. Bu anahtarla, kişi Tora'yı, tarihi bir masal okumak yerine, manevi dünyanın rehberi gibi okur. Anahtar, Musa'nın tam olarak anlatmak istediğini ve Tora'nın ilk beş kitabını (Pentateuch) yorumlayan ve açıklayan, Zohar'dır.

Tora'nın beş kitabını Zohar'ın gözüyle okuduğumuzda dünyamızdan tamamen farklı bir şey görürüz: Üst dünyayı, dünyamızın manevi kökünü ve tüm yaratılışı. Bu sebeple Kabalistler bu iki kitabı beraber okur.

Zohar'dan önce, Musa'nın takipçileri ve öğrencileri onun yazdıklarını daha iyi anlamamız için yüzlerce yıl boyunca Tora'nın temel olaylarının tefsirini yazdılar. Tora'nın ilk yorumu, sheni, shanah (kendini tekrar eden şey) kelimelerinden türeyen, Mişna'dır. Mişna tüm manevi yasaları bu dünyanın yasaları olarak tanımlar. Kişinin yapması ve yapmaması gerekenleri açıklar. Biz bu tanımlamaları Mitzvot (yönergeler, kaideler) olarak biliyoruz, yapılması gerekenler (olumlu kaideler) ve yapılmaması gerekenler (negatif kaideler).

Sadece Kabala bu eylemleri açıklayabilir. En önemli şeyin dünyasal eylemler değil fakat manevi dünyayı amaçlayan eylemler olduğunu söyler. Önemli olan insanın içsel niyetidir. Bu özellikle Musa'nın öğrencilerinin bize anlattı şeydir.

Talmud, Mitzvot'ların doğru kullanımını anlatan bir sonraki neslin kitabıdır. Fakat sadece Mitzvot'ların mekanik algılanmasından ziyade, onların manevi içeriği vasıtasıyla bu dünyanın ve üst dünyanın doğasını en iyi şekilde çalışmamız için yazılmıştır.

Mişna ve Talmud her bir manevi yasayı detayıyla açıklamasına rağmen, günlük bir dille yazılmıştır. Ama yine de eğer Zohar Kitabı şifresine sahip değilseniz, onları Ortodoks yaşamına yönelik tavsiyeler olarak algılayabilirsiniz.

Tüm büyük Kabalistler, yazdıkları metinlerde yaratılış sistemini ve onun yasalarını en iyi şekilde nasıl kullanacağımızı anlatır. Bu güçlerin neden dünyamıza indiğini ve yaratılışın içinde aktif olmak ve eylemlerimize olumlu bir cevap almak için onları nasıl kullanacağımızı anlatır.

Bu güçler bize yukarıdan geldiğinde ve biz onlara olumlu reaksiyon gösterdiğimizde, herkes için iyi sonuçlar elde ederiz. Bu Kabala ilminin görevidir. Kabala kelimesi lekabel (almak) kelimesinden gelir yani üst güçlerden bize inen bereketi doğru şekilde almak.

Kabala çalışmaya başlayan kişi, hem bireysel hem de küresel seviyede deneyimlediğimiz acılarının ve felaketlerin sebebinin, etrafımızda olanları doğru yorumlamadığımız için gerçekleştiğini açıkça görür. Bilgisiz davranışlarımız ve yanlış reaksiyonlarımız sebebiyle, durumumuz ve elde ettiğimiz sonuçlar artarak kötüleşir.

Kabala en pratik bilimdir. İnsanlığa dünyayı yönetmenin anahtarını sağlar. Fakat onu yönetmemiz için önce onu çalışmamız gerekir. Nasıl aktif bir rol üstleneceğimiz öğrenmek için, evrenin genel yapısını, yönetim sistemlerini bilmek zorundayız.

ŞİMON BAR YOHAİ
(Milattan Sonra İkinci Yüzyıl)

Kabalist Şimon Bar Yohai (Raşbi), Milattan sonra ikinci yüzyılda yazılan Zohar Kitabı'nın yazarıdır. Zohar, Kabala'nın en önemli çalışması ve temel kaynağıdır. Raşbi, hem insan doğasını hem de üst dünyayı inceleyen büyük bir araştırmacı olarak kabul edilir. Raşbi aynı zamanda Talmud'da adı geçen önemli bilgelerinden biridir (yaklaşık dört bin defa adı geçer). Talmud ve Kabala dilini kullanmada ustadır, üst güçleri, geçmiş ve gelecek olayların burada nasıl gerçekleştiğini -tüm yenilikler ve değişimler- ve bu güçlerin dünyamıza inip kılıflanarak nasıl açığa çıktıklarını anlatırken her iki dili de ustaca kullanır.

Zohar, hangi güçlerin üst dünyadan inerek dünyayı etkilediğini açıklar. Raşbi düşüncelerimizin sonucunda yukarıdan aldığımız reaksiyonları anlatan ilk Kabalisttir. Düşüncelerin üst dünyada nasıl işlediğini ve dolayısıyla gelecek olayları nasıl etkilediğini açıklamıştır. Zohar, insanlık tarihinin tüm olasılıklarını içerdiği için oldukça önemlidir.

Raşbi, Zohar'ı yazmaya başlamadan önce, öğrencilerinden oluşan bir grup kurdu, her bir öğrencisi belli bir manevi dereceyi temsil ediyordu. Dokuz öğrenci vardı ve kendisi onuncu kişiydi. Beraberce manevi dünyada Eser (on) Sefirot denilen yapıya karşılık gelen tek bir kolektif ruhu oluşturdular.

Raşbi kitabın yazarı olmasına rağmen, her öğrencisi kendi manevi dünyasının niteliklerini temsil etti. O ve öğrencileri dünyamıza inen Üst ışığın on parçaya, sonra her parçanın tekrar on iç Sefirot'a bölünmesine neden olan bir çeşit prizma inşa etti. Onların hikâyesi aslında bu on manevi niteliğin ya da gücün, dünyamıza inmesi, ona yön vermesi ve her insanın bu güçleri kendisi ve başkaları için kullanması için bir yol haritasıdır.

Raşbi kitabı kendi başına yazmadığını söyler. Kitabı kendi nesli için yazmayı ve on altıncı yüzyılda tekrar ortaya çıkana kadar saklı tutmayı planladı. Kitabın diğer nesillere aktarılmasında öğrencisi Kabalist Aba aracı oldu. Kabalist Aba, hocasından duyduklarıyla kitabı yazmaya başladı. Fakat öyle bir şekilde yazdı ki onu okuyanlar sadece kitabın en dış katmanını algılayabildi.

Sonrasında birçok insan kendi başına çalıştıkça, kendilerini arındırıp manevi olarak yükseldi. Yükseldikçe Zohar'ın derinlerine inmeye daha uygun hale geldiler ve içinde yazılanları daha iyi hissettiler. Manevi güçleri edindiler ve tüm evrim içinde aktif bir rol alma becerisini edindiler.

Kabalist Abba, İbrahim ve Musa'da olduğu gibi Zohar'ı İbranice yazmadı. Onun yerine Mezopotamya'da (bugünkü Irak) kullanılan Aramik dilini kullandı. Kitap o dönemde çok kullanılan Yunanca ve Latince kelimeler de içeriyordu ama bunlar kitabın değerini düşürmedi. Kabalist Aba kitabı bu

Michael Laitman

Bnei Baruch Eğitim ve Araştırma Enstitüsü

Kabala'ya Uyanış

şekilde yazarak dikkat çekmeyecek bir hale getirip, onun içsel manasını saklamak istemiştir.

Zohar'ı yazmak için Raşbi, oğlu Kabalist Elazar'la beraber İsrail'in kuzeyinde bir mağarada saklandı. Mağarada keçiboynuzu yiyerek ve yakın bir kaynaktan su içerek on üç yıl boyunca kaldılar. Elbiseleri eskiyince örtünebilmek için kendilerini kuma gömdüler. Gün içerisinde, çalıştılar ve daha sonra öğrendiklerini yazdılar. On üç yıl sonra, Kabalist Şimon oğluyla beraber mağarayı terk etti ve etrafına öğrenciler topladı. Onları manevi olarak yükseltti ve beraberce, her birinin ruhunun derecesine göre üst dünyanın yapısını hissettiği, kolektif bir manevi kap oluşturdular.

Kitap sonunda bittiğinde, Kabalist Şimon vefat etti ve kitabın yazıldığı yere fazla uzak olmayan Miron'a gömüldü. Oğlu ve diğer öğrencileri de onun yanına gömüldü.

Zohar'ın yazımı bittikten sonra Kabalist Şimon daha hayattayken saklandı çünkü insanlık bir bütün olarak, kitabı kendi manevi amaçları ve tüm insanlık için kullanma niteliğine ve derecesine sahip değildi.

Tora sadece manevi dünyalardan bahseder fakat herkesin anlaması ve bağlanması için dünyasal seviyede yazılmıştır. Musa manevi yasaları anlattı, böylece bu yasalara bağlananlar, kâinatın tüm ışığını mümkün olan en olumlu şekilde üzerlerine çekebildiler. Tora'nın şifreli ve yalın bir şekilde ("yalın" çünkü okuduğumuz zaman, basit ve açık bir şekilde yazılmış olduğunu düşünürüz) yazılması sebebiyle, Tora Zohar gibi gizlenmemiştir ve bir Kabalistten diğerine geçirilmiştir.

27

Kabala'ya Uyanış — Michael Laitman

Kabalist Şimon, Zohar'ın gömülmesini istedi. Aslında hem yazdı hem de onu gizledi. Bugün hala Zohar'ın birçok kısmı kayıp. Gömüldükten beş ya da altı yüz yıl sonra kitap, bir tesadüf eseri bulundu: Bir kabalist, öğrencisinden pazardan biraz yiyecek almasını istedi. Öğrenci kâğıda sarılı yiyecekle döndüğünde, yiyeceğin sarılı olduğu kâğıdın kadim bir el yazması olduğunu fark ettiler.

Kabalist, kâğıtları okuduktan sonra onların yaratılış sırrını içerdiğini anladı ve öğrencisini pazara tekrar gönderdi. Çöpleri karıştırarak bulabildikleri her kâğıdı bir araya getirdiler ve sonunda 2.700 adet kâğıt topladılar. Dicle ve Fırat nehirleri arasında deve üzerinde dolaşarak İsrail'e gelen Arap bir tüccar, bu kâğıtları bulmuştu ve onları baharatlarını sarmak için kullanmıştı. Böylece kadim Zohar Kitabı'nın sayfaları bir araya getirilmiş oldu.

Moshe De Leon, on üçüncü yüzyılda Zohar'ı İspanya'da yayımlayan ilk Kabalisttir. Kitap sadece Tora'nın değil, peygamber kitaplarının yorumlarını, Talmud ve Mişna'la ilgili Kabalistlerin açıklamalarını da içerir. Dolayısıyla bugün Zohar olarak lanse ettiğimiz kitap orijinal kitabın sadece bir kısmıdır. Üç yüz sayfalık metinden oluşan ve orijinal boyutundan yirmi kat küçük bu kitap için büyük ölçüde bilginin kayıp olduğunu söyleyebiliriz. Ancak, bu büyük bir kayıp değildir çünkü Kabalistler her iki dünyada neler olduğunu ve üst dünyaların bizi nasıl etkilediğini yazılarında anlatmışlardır. Zohar, hali hazırdaki haliyle manevi dünyanın kapılarını açan anahtara sahiptir.

Michael Laitman

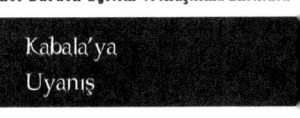

Kabalist Moshe De Leon'dan sonra Zohar, Orta Çağa, Kutsal Ari'nin zamanına kadar yüzyıllarca saklandı.

ARİ (1534-1572)

Her nesilde, bir önceki neslin ruhları tekrar dünyaya gelir. Yeni bedenlerle kılıflanır, evrimleşir, daha duyarlı hale gelir, kutsal olanı ve manevi bilgiyi daha çabuk kavrar. Bu nedenle ruhlarımız binlerce yıl önce yaşamış insanların ruhlarıyla aynıdır ama şimdi bu ruhlar dünyaya teknolojik ve manevi gelişimi getirdikleri için daha gelişmiş durumdadırlar.

İnsanlık için herhangi bir gelişim, bir önceki yaşamda deneyim kazandıktan sonra yüksek dereceye erişmiş ruhların sonucudur. Dünyamıza inen her ruh, bir önceki yaşamda biriktirdiği deneyimlerle hayata başlar. Bu şekilde ruh, bilgiyi toplama, manevi edinim ve dünyasal hislerin gelişim sürecinden geçer ve tüm bunlar Reşimot (anı) dediğimiz izler bırakır.

Önceki nesillerden dünyamıza inen ruhlar içinde sadece birkaçı manevi âlemlere yükselmiştir. Ancak, zamanımızda birçoğu bunu başarmıştır. Bizler atalarımızdan daha fazla geliştik. Yeni bilgileri özümsemek ve buna göre yaşamak bizim için kolay oldu çünkü bu bilgiyi almaya hazır halde doğduk. Dolayısıyla her yeni veri bize tamamen doğal gelir.

Kabala kitapları aralıklarla saklanmış ve sonra ifşa edilmiştir. Birkaç nesil saklanıp sonra tekrar ortaya çıkmış sonra tekrar gizlenmişlerdir. İnsanlığın belli "ıslahlardan" geçmesi için böyle olmuştur. Genel anlamda bakacak olursak, bu kitaplar tarih boyunca insanlığı ıslah etmek ve gelişimini sağlamak için var olmuşlardır. Tüm bu kitaplar gelecekte herkes tarafından bilinecek. Zohar ve peygamberlerin kitapları son aşamada üst dünyaları edinmek, mutlu, ölümsüz bir yaşam sürmek için rehber niteliğinde kullanılacak.

Büyük Kabalistlerin ruhları özel dönemlerden geçer. Her nesilde var olmazlar ama kitaplar gibi, onlar da özel dönemlerde ortaya çıkar. İlk insanın ruhu İbrahim Peygamber, Musa, Kabalist Şimon Bar Yohai, Kutsal Ari ve günümüzde Kabalist Yehuda Aşlag olarak enkarne olmuştur. Böyle bir ruh tüm insan ırkını etkilemek ve ıslah etmek için sadece özel dönemlerde gelir.

On altıncı yüzyılda Orta Çağ döneminde Kudüs'te bir çocuk dünyaya geldi ve yaşamının ilerleyen döneminde Kutsal Ari adını aldı. Ari, ilk insandan bu yana tüm Kabalistik bilgiyi özümsemiş ve geliştirmiştir, bu nedenle onu izleyen tüm nesiller manevi ilerlemelerini onun kitapları sayesinde gerçekleştirmiştir.

Ari daha sonra Mısır'a yerleşti. Genç yaşta babası öldüğü için amcasının yanına gitti. Otuz beş yaşında ona ve birçok Kabaliste ev sahipliği yapan, İsrail'in kadim kentlerinden Sfat'a geldi.

Ari on sekiz ay öğrencilerine ders verdi ve otuz altı yaşında öldü. İlk öğrencisi o dönemde yirmi sekiz yaşında olan Chaim Vital'di. Chaim Vital, on sekiz ayda hocasından öğrendiği her şeyi yazdı ve yazdıkları Ari'nin yazıları olarak bilinen yirmi ciltlik kitabı oluşturdu. Ari bütün çalışmalarını Chaim Vital'e bıraktı. Chaim Vital, Ari'den sonra Kabala

çalışmasına ve hocasının yazdıklarını yayınlamasına izin verilen tek kişidir.

Ari'yi farklı kılan şey, büyük Kabalistlerin ruhunu taşıması değil, aynı zamanda dünyadaki genel seviye ruhların manevi gelişim talep ettikleri bir dönemde dünyaya gelmesidir. Ruhların evrimin ilk dönemi Ari'yle sona erdi -bilinçsiz bir evrim dönemi, Orta Çağ, barbar ve uygarlaşmamış bir dönem.

Ari'nin ortaya çıkması insan gelişiminde yeni bir çağ başlattı. Ruhlar maneviyat arzusuyla uyandı ve üst dünyanın bilgisi inmeye ve bu dünyanın bedenleriyle kılıflanmaya başladı. Bu Orta Çağın bitmesine ve Rönesans'ın başlamasına neden oldu. Bu endüstriyel devrime yol açan bir evrim dönemiydi.

Ari'ye ilk insandan beri var olan sistemi yenileme ve onu kitlelerin -manevi yükselişe hazır, tekâmül etmiş büyük sayıda ruh- çalışmasına uygun olarak benzersiz bir sisteme dönüştürme izni yukarıdan verildi.

Ari Zohar Kitabı'nı ve kendinden önceki bütün Kabala kaynaklarını öğrencilerine öğretti. Daha sonra tüm bu kaynaklar, Yaşam Ağacı (Etz Hayim) adıyla tek bir kitapta toplandı. Bu nasıl yükseleceğimizi, mükemmelliği ve ölümsüzlüğü nasıl edineceğimizi açıklayarak manevi dünyanın yolunu öğreten bir çalışmaydı.

Ari buna ilave olarak yirmi farklı kitap daha yazdı. Onları anlaması zordur fakat bunlar tüm Kabala metodunun temelini oluşturur. Bu kitaplarda Ari, yaratılış yasalarını bilimsel bir sistem olarak anlatır. Ari'nin yazılarının ilk bölümü sekiz kısma ayrılmıştır -Sekiz Kapı. Her kapı Kabala'nın belli bir başlığını açık, bilimsel bir şekilde açıklar. Üst dünyanın yasalarını, bu yasaları insanların nasıl etkilediğini ve reenkarnasyonu anlatır.

Ari'nin tüm kitapları, dünyanın ıslahı için çalışan ruhlara uygun olarak, yeni ve tamamen farklı bir yaklaşımla yazılmıştır. Dünyada özellikle Doğu Avrupa, Ukrayna, Beyaz Rusya ve Polonya'daki birçok Kabalist onun çalışmalarını izlemiştir. Hasidizm hareketi, onun yazıları temel alınarak oluşturulmuştur. Hasidik insanlar üst manevi dünyaya bağlanma arzusu duyan insanlardır. Bunu yaşamlarının amacı olarak görürüler.

Ari'nin kitaplarını çalışmak bizi bu dünyanın seviyesinden yükseltir. Ari, manevi dünya için arzu duyan herkesin kitaplarını çalışabileceğini söylemiştir. Ari'den önce, özel bir Kabalistin ruhu dünyaya iner ve o nesil için gerekli olan kitap ortaya çıkardı. Fakat Ari'nin zamanından bu yana maneviyat için arzu duyan herkes, Kabala çalışabilir ve bu kitapları çalışarak üst dünyaya girebilir. Daha önce belirttiğimiz gibi, her nesilde aynı ruhlar gelir, yeni bedenlerle kılıflanır ve önceki deneyimlerini muhafaza ederler. Dolayısıyla her nesil bir öncekinden daha akıllıdır ve daha büyük hedeflere sahiptir.

Ari zamanında, ruhların genel evrimi sonucunda maneviyat arzusu olanlar bu dünyadaki sıradan yaşamla yetinmediler. Bu arzu Rönesans'ın ve endüstri devriminin başlamasına neden oldu. Manevi olarak bu süreç, yaşamın özünü keşfetme arzusudur: "Hayatımın anlamı ne?" Ari zamanından bu yana dünyaya inen ruhlar, bu soruyu daha fazla sormaya

Michael Laitman

Kabala'ya
Uyanış

ve yaşamın özünü araştırmaya başladı. Bu arayış, hissetmesek ve anlamasak bile, bizi geldiğimiz üst dünyaları çalışmaya götürür. Ari, Kabala ilmini çalışıp, kendi başlarına yükselmek isteyen ruhlar için tamamen yeni bir sistem yarattı.

Ari'den önce dünyaya iki tip ruh gelmiştir: birincisi sadece türlerin korunması ve tekrar yaratılmasıyla ilgilenenler, diğeri manevi dünyayı çalışarak bağımsızca var olan Kabalist ruhlar. Ari'nin zamanından beri dünyamıza inen bu ruhlar, dünyanın sadece korunması ve devam etmesiyle yetinmez. Onlar manevi edinimi arzularlar.

Bugün, pek çok ruh bağımsız olarak manevi yükselme arzusu duyuyor ve onlara yardım edecek bir metot arıyor. Ari böyle bir metodu oluşturan ilk kişidir ve dolayısıyla en yüce Kabalist olarak kabul edilir. Ari, oluşturduğu bu metotla yaş, cinsiyet ya da ırk farkı olmadan herkesin maneviyatı çalışabileceğini yazar.

Ari'den sonra pek çok kişi Kabala çalışmaya başladı. Yüzlerce ruh bağımsızca yükselmeyi ve manevi dünyayı edinmeyi başardı. İnsan gelişiminin son aşaması Ari'yle başlar. On altıncı yüzyıldan başlayarak ruhlar, dünyasal bedenlerinde yaşarken manevi dünyalara erişerek, yeni bir manevi doğum gerçekleştirdiler. Bu refah zamanlar yaklaşık 1920'lerin sonuna kadar devam etti. Ari'nin metodu olmasaydı, bu kadar çok ruh için manevi dünya ulaşılamaz olurdu. Bu bereketli dönem özellikle çoğu Kabalistin yetiştiği Doğu Avrupa'da gerçekleşmiştir.

Erken yaştaki ölümüyle Ari'nin bazı yazıları onunla beraber gömüldü, bazıları akrabaları tarafından

Kabala'ya
Uyanış

Michael Laitman

kutuda saklandı, o öldükten sonra Chaim Vital kendi başına çalışmaya devam etti. Daha sonra bu yazılar basıldı. Chaim Vital'in oğlu Shmuel Vital, babasının çalışmalarını devam ettirdi ve onun oğlu Ari'nin kitaplarını yayımladı. Ari'nin mezarı üç nesil sonra açıldı ve yazılarının geri kalanı çıkarıldı. Bu yazılar Ari'nin ilk çalışmaları olan Sekiz Kapıyı oluşturdu.

Yine de Ari'nin takipçileri onun tüm yazılarına sahip olamadı. Bu yazıların bize ulaşması için olağanüstü çaba sarf eden Chaim Vital bile, bu dünyaya inen her ruha uygun olacak kapsamlı bir metot oluşturma bilgisine sahip değildi.

YEHUDA AŞLAG, BAAL HASULAM (1884-1954)

Gerçekte ne Zohar ne de Ari'nin yazıları, Kabala'nın sistematik çalışmasını hedeflemez. Kabala bir bilim olmasına rağmen, yirminci yüzyıldan önce gerçek anlamda bir çalışma kitabına sahip değildi. Sadece günümüzde kapsamlı ve detaylı bir metot oluşturulmuştur. 1884'de Varşova'da dünyaya gelen ve 1922'den 1954 yılına kadar ölümüne kadar Kudüs'te yaşayan büyük Kabalist Kabalist Yehuda Aşlag, boşlukları doldurmak için Zohar'ın ve Ari'nin yazılarının tefsirini yazdı. Baal HaSulam olarak bilinen Kabalist Aşlag, bunları yazarken derecesi yükseldi ve zamanımızın en önemli Kabala çalışması olarak bilinen, On Sefirot Çalışması'nı (Talmud Eser Sefirot) yazdı.

Bu kitap iki bin sayfa ve altı bölümden oluşur. İlk zamanlardan beri Kabalistlerin tüm yazdıklarını içerir: İlk insanın, İbrahim Peygamber, Musa; Kabalist

34

Michael Laitman

Şimon Bar Yohai ve Kutsal Ari'nin yazıları. Bu kitap Kabala çalışmasının sözlüğü niteliğini taşır. Bu şekilde, yaratılışın nasıl gerçekleştiğini, yeryüzüne nasıl indiğini, onu aşağıdan nasıl etkileyeceğimizi, üst dünyaya giden yolu, sahip olmak istediğimiz gelecekle ilgili her şeyi öğrenebiliriz.

Bugün Zohar, Sulam'ın tefsiri olmadan anlaşılamaz. Ama yine de Baal HaSulam'ın metodu sıklıkla yanlış anlaşmıştır. Manevi edinimi başaramamış olanlara kitap kuru, şematik ve duygusuz gelir. Kalbimizi etkilemesinden ziyade kullanma kılavuzu olarak algılanabilir. Fakat bu algı, anlayış eksikliğinden kaynaklanır.

Kabala çalışmak demek kitapta yazılanları anlamasak da kitabın söylediklerini edinmek demektir. Diğer bilimlerin aksine Kabala ile yaptığınız araştırmanın konusu haline gelir ve çalıştıklarınızı içinizde hissedersiniz.

Bazıları üst dünyaları edinmek için sadece okumanın yeterli olduğunu söyler. Fakat bu çalışmanın istenilen sonucuna, amacına ve yaptığımız şeye ters düşer. İnsan bu dünyada yaşarken manevi dünyaya yükselmelidir. Aslında bu Kabala siteminin özüdür ve ancak doğru çalışmayla,

Raşbi, Ari ve Baal HaSulam'ın yazdıkları doğru kitaplarla gerçekleşebilir.

Doğru koşullar altında, On Sefirot Çalışmasını gerçek bir rehberle çalışırsak, üst dünyalar bize açılır. Kitaptaki materyale özel bir yaklaşım göstermeli ve kitabı nasıl okuyacağımızı açıklayan özel bir anahtarımız olmalıdır. Kişi bu şekilde çalıştığı zaman evreni hissetmeye, mevcut duyuların ötesinde var olan her hissi görmeye ve hissetmeye başlar çünkü duyuları dünyasal ve limitlidir, kapsama alanı ötesinde hiçbir şey algılayamaz.

Baal HaSulam On Sefirot Çalışmasının girişinde herkesin manevi evrimin en tepe noktasına ulaşabileceğini, üst güçle -Yaradan- form eşitliğine gelebileceğini yazar. En yüksek manevi dereceye bu dünyada yaşarken ulaşabiliriz çünkü beden üst dünya ve ruh arasında bir engel olarak fazla kalamaz. Ruhun bedenle kılıflanıp kılıflanmaması önemli değildir çünkü bir dünyadan ötekine serbestçe hareket edebilir ve her iki dünyada eş zamanlı olarak ölümsüzlük ve mükemmellik aşamasında var olabiliriz. Sonra zamansız, hareketsiz ve uzaysız hale geliriz.

Baal HaSulam, onun metodunu kullanarak tüm bu aşamaların edinebilir olduğunu ve istisnasız herkes için geçerli olduğunu yazar. On Sefirot Çalışmasının yanı sıra Kabalist Aşlag, Zohar'ın tefsirinde de bunu belirtir. Baal HaSulam, ilk insandan başlayan İbrahim Peygamber, Musa, Kabalist Şimon Bar Yohai, Ari'ye kadar devam eden ruhun, reenkarnasyonu olduğunu yazar. Bu sebeple bu Kabalistlerin yazılarını bizim neslimize uygun bir şekilde sunar.

Baal HaSulam bizim neslimizde yaşamış olmasına rağmen, Zohar ve Ari'nin başına gelenler onun başına da gelmiştir. Bazı yazıları saklanmış ve ancak şimdilerde açığa çıkmıştır. Ben kendim Baal HaSulam'ın birçok el yazmasına sahibim. Bu el yazıları Baal HaSulam'ın oğlu hocam Baruh Aşlag'tan aldığım manevi bir

Michael Laitman

mirastır. Ben ve öğrencilerim bu yazıları yayımlamaya hazırlanıyoruz.

BARUH AŞLAG, RABAŞ (1907-1991)

Baruh Aşlag babasından sonra Kabala evriminin bir sonraki aşamasını temsil eder. Yehuda Aşlag'ın en büyük oğlu Baruh Aşlag 1907'de Polonya'da dünyaya geldi ve on beş yaşında babasıyla beraber İsrail'e göç etti. Hep basit işlerde çalıştı: yapı ustası, yol işçisi, ayakkabıcı ve memur. Yaptığı işlerden asla utanmaz ve bu işlerin dünya yaşamını devam ettirmekten başka bir şey olmadığını bilirdi. Yüksek dereceli memurluk tekliflerine rağmen onları kabul etmedi.

Tora ve Talmud konusunda oldukça bilgili olmasına rağmen, Baruh Aşlag din adamı olarak hizmet etmemiştir. Onun yerine bütün hayatını babasının ayak izinden gidip, Kabala çalışmasında ilerleyerek geçirdi. Babası öldükten sonra onun öğrencilerini devir alarak çalışmaya devam etti. Başka kitaplarla beraber babasının tefsiriyle Zohar'ı yayımladı.

Dört yıl boyunca kendime bir hoca aradıktan sonra, 1979 yılında ona katıldım. Daha önce kendi başıma ve farklı Kabalistlerle çalışıyordum. Yıllarımı Kabala çalışmam gerektiğini bilerek ve bir hoca arayarak geçirdim. İlk dersten itibaren benim için doğru kişinin o olduğunu anladım. Ölümüne kadar on iki yıl boyunca yanında kaldım. Öldüğünde başucundaydım.

Kabalist Baruh Aşlag, üst dünyayı edinme yolundaki bir insanın geçirdiği tüm içsel aşamaları, Merdivenin Basamakları adlı kitabında toplamıştır. Kişinin bu yolda geçireceği her olası aşamayı, adımı ve eylemi çalışmış, manevi dünyaya nasıl ulaşılacağını ve onu nasıl hissedileceğini açıklamıştır.

Kişinin üst dünyaları edinebilmesini sağlayan, daha önceki Kabalistlerin yapmadığı bir sistem kurmuştur. Bu makaleler olmadan fiziksel realitemizin ötesine geçmek düşünülemez.

Ayrıca, Duydum (Şamati) adıyla babasından duyduklarını derlediği bir kitap bırakmıştır. Bu makaleler vasıtasıyla kendi manevi aşamamızın karakterini tanımlayabilir ve bu şekilde nasıl yükselmeye devam edeceğimizi öğrenebiliriz. Kitap, manevi dünyanın tüm aşamalarının temelini oluşturur.

Kabalist Baruh Aşlag'ın çalışmaları, manevi dünyayı arzulayan herkes için çok önemlidir. Kabalist Aşlag'ın ölümünden sonra Bney Baruh (Baruh'un Oğulları) adıyla bir grup kuruldu. Bugün bu grupla beraber yolumuza devam ediyoruz.

BAŞLANGIÇTA
Yaratılış Kitabı şöyle başlar:

Başlangıçta Tanrı yeryüzünü ve göğü yarattı. Yeryüzü şekilsiz ve boştu, karanlık enginleri kaplıyordu ve Tanrı'nın ruhu suların üzerinde dolaştı. Ve Tanrı "Işık olsun" dedi ve oldu. Tanrı Işığın iyi olduğunu gördü ve Işığı karanlıktan ayırdı. Işığa "Gün", karanlığa "Gece" adını verdi. Gece oldu, sabah oldu, ilk gün oldu.

Bu cümleleri duyduğumuzda hepimizin içinde bir şeyler kıpırdar. Yıllarca bu cümlelerin farklı yorumlarına maruz kaldık. Ama ucu açık sorulara neden olan

sıradan yorumlarla da yetinmedik. Tora'yı bilimsel ve mantıklı bir şekilde analiz etmek istedik. Tora gerçekte neyi anlatır? Daha da önemlisi niçin anlatır?

Tüm kutsal metinler tek bir şeyden bahseder; üst dünya, onun yaratımı ve üst dünyanın bizim dünyamızı yaratması. Manevi metinler sadece bu dünyada olanları değil, aynı zamanda onları nasıl değerlendirmemiz gerektiğini de açıklar. Üst dünyanın aşamalı olarak ifşasına "manevi yükseliş" ya da "manevi yükselişin dereceleri" denir. Kabala ilmi, üst dünyanın yapısını karmaşık bir dil, çizim ve şemalar kullanarak anlatan bir bilimdir. Tora ise üst dünyaları basit bir dille anlatır.

Eğer Tora'nın dilini Kabala diline uyarlarsak, Tora'nın üst dünyanın yaratılış sürecini, yapısını, gelişim şeklini ve sonrada insanlığın yaratılış sürecini anlattığını görürüz. Ancak Tora maddesel dünyadaki insanı referans almaz. Daha ziyade "ruh" ya da "Âdem" dediğimiz alma arzusunun yaratılışını ve bu arzuyu sonsuz ve tam bir hazla doldurma amacını anlatır. Haz alma arzusu aslında yaratılan tek şeydir. Ondan başka sadece Yaradan var. Dolayısıyla realitede Yaradan ve haz alma arzusunun farklı derecelerinden başka bir şey yok. Bizim dünyamızdaki durum budur: Tüm yaratılanlar ve nesneler arasındaki fark, haz alma arzusunun farklı seviyeleri nedeniyle oluşur ve bu fark her bir yaratılmışın niteliklerini belirleyen şeydir.

Michael Laitman

Alma arzusu beş alt seviyeye bölünür:

1. Keter Sefira'sına karşılık gelen, Yod harfinin ucu. – י
2. Hohma Sefira'sına karşılık gelen, Yod harfi. - י
3. Bina Sefira'sına karşılık gelen Hey harfi - ה
4. Tiferet Sefira'sına karşılık gelen Vav harfi - ו
5. Malhut Sefira'sına karşılık gelen Hey harfi - ה

Beraberce bu harfler Yod, Hey, Vav, Hey kelimesini meydana getirir. Bu aynı zamanda Yaradan'ın adıdır çünkü yaratılış Yaradan'ı hisseder ve harfler Yaradan'ın dört temel alametini gösterir. Arzunun beş parçasına sefirot denir ve bunlar Keter, Hohma, Bina, Tiferet ve Malhut'tur.

Kabala'da cinsiyet, işleyişe göre belirlenir. Aktif olan kısım erkek, pasif olan kısım dişi olarak adlandırılır. Bu sebeple Yaradan erkek (tüm kitap boyunca O'ndan bu şekilde bahsedeceğimiz gibi) olarak, yaratılış dişi olarak ifade edilir.

Yaradan yaratılışı hazla, mükemmellik hissiyle ve ölümsüzlükle doldurmak ister. Bu demektir ki Yaradan, Kendi var olma aşamasını bizim için ister. Kendi mükemmelliğini yaratılışa geçirmek ister. Bu nedenle yaratılışın amacı Yaradan'ın mükemmelliğini ve vermek istediklerini alma becerisi edinmektir.

Yaratılışın yedi günü, insanlık için yedi bin yıl olarak hissedilir. İlk altı bin yıl, tüm insanlığın önce bilinçsizce sonra büyük çabalar sonucu bilinçli olarak ıslah olduğu haftanın altı gününe denk gelir. Sonunda Yaradan'ın ışığının ıslah olan nitelikleri bereketle ve

Michael Laitman

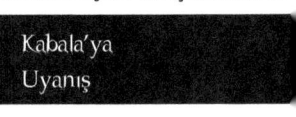

hazla doldurduğu, yedinci milenyuma ya da yedinci güne, Şabat'a ulaşılır.

Yedi sayısının Kabala'da büyük anlamı vardır. Dünyamızı yöneten sitem yedi kısımdan oluşur. Bu nedenle dünyamız yediye ya da yetmişe bölünür: haftanın yedi günü, dünyanın yetmiş ulusu, insanlığının ruhunun yetmiş parçası ve insan ömrünün yaklaşık yetmiş yıl sürmesi.

Bu satırları okuduğunuz zaman yaratılış amacını kısaltmanın, ıslahı çabuklaştırmanın bir yolu olup olmadığını merak edebilirsiniz. Cevap şudur ki sadece bunu yapmakla kalmamalı aynı zamanda altı bin yılı hızlandıracak sürecin içine de dahil olmalıyız. Bireysel olarak bu sürece ulaşanlar, üst dünyaya, bütün ve muhteşem realiteye herkesten önce ulaşabilir. Bunu ıslah süreci boyunca bilinçli olarak kendi çabamızla yaparsak, süreci yaratıcı ve olumlu bir şekilde değiştirebiliriz.

İBRAHİM PEYGAMBER

Yaratılış hikâyesinin ruhumuzun geçirdiği evrimi ve yeryüzündeki amacımızı anlamamıza yardım etmesi gibi, İbrahim Peygamberin hikâyesi de Yaradan'a yaklaşmanın ve O'nu bilmenin esasını bize öğretir. Kim bu dünyadan Yaradan'a doğru yükselip O'nunla birlik olursa, İbrahim'in attığı ilk adımları atmak zorundadır ve bu nedenle o, ulusların babası olarak kabul edilir. Aşağıdaki pasaj İbrahim'in inanılmaz yolculuğunun içsel anlamını açıklar.

Tanrı İbrahim'e şöyle dedi: "Ülkenden, akrabalarından ve babanın evinden ayrıl ve sana göstereceğim topraklara git. Seni büyük bir ulus yapacak, kutsayacak, adını yüceltecek ve bereket vereceğim. Seni yüceltenleri yüceltecek ve lanetleyenleri lanetleyeceğim, senin sayende yeryüzündeki herkes kutsanacak." İbrahim Tanrı'nın ona söylediği gibi gitti; Lot da onunla beraber gitti ve İbrahim Harran'dan çıktığında yetmiş beş yaşındaydı. İbrahim karısı Sara'yı ve kardeşinin oğlu Lot'u ve bir araya getirdiği tüm varlığını yanına aldı ve Kenan topraklarına gitti. Tanrı İbrahim'e göründü ve şöyle dedi: "Senin tohumun için bu toprakları verdim" İbrahim orada Tanrı için bir sunak kurdu. Orada yokluk vardı ve İbrahim geçici bir süre için Mısır'a gitti.

Soracağımız ilk soru şudur: Neden Yaradan İbrahim'i seçti? O zamanlar İbrahim, Suriye'nin doğusundan Mezopotamya'ya kadar olan bölgede yaşayan diğer insanlardan çok da farklı değildi. İbrahim Mısır'a hemen gitmedi, önce Bethel'e ("Yaradan'ın Evi") gidip Yaradan'a kurban sundu. Ancak kıtlık sebebiyle oradan Mısır'a geçti. Akla hemen şu soru gelir: O'nu Mısır'a gönderen kıtlık mıydı yoksa Yaradan mıydı?

Eğer Tora'yı tarihi bir masal gibi görürsek, bu hikâyenin diğer ulusların hikâyelerinden farklı olmadığını görürüz. Tora geçmişle ilgilenmez daha ziyade insanla ilgilidir. Kim olduğumuzla, ne olduğumuzla ve ne yapmamız gerektiğiyle ilgilidir. Yaradan sadece insanlarla ilgilenir. Tora tüm yaratılış sistemini buna göre açıklar. Her insan kendi dünyası da dâhil, tüm dünyaları içinde barındırır. İnsanlık yaratılışı ve tüm diğer dünyaları temsil eder.

İçimizdeki özel bir niteliği temsil eden Yaradan, insandaki diğer özelliklere (uluslar) benzer olan İbrahim'e döner ve ona şöyle der: "Şimdi İbrahim denilen bu özel niteliği senden ayıracağım ve sen ülkeni terk ederek, sahip olduğun ve hissettiğin tüm arzuları bırakacaksın. Yurdundan uzaklaş ve doğuştan gelen arzularından özgürleş."

Diğer bir deyişle, Tanrı İbrahim'e doğuştan gelen niteliklerinden çıkması gerektiğini söyler. Yaradan İbrahim'in en temel egoist arzularının içindedir ve o onları terk edip, Tanrı'nın ona göstereceği topraklara gitmek zorundadır. Orası İbrahim'in Tanrı'yı bulduğu yer olacaktır. ("Sana göstereceğim" cümlesi, İbrahim'in içinde Yaradan'ın açığa çıkmasını sağlayacak arzuların, ifşasını anlatır). Yaradan, İbrahim'in bütünlük içinde O'nun huzurunda olacağı yola girmesini mecbur kılar. Bu aşamada tüm yaratılış İbrahim'in önünde belirir ve o yaratılışa zıt olan nitelikleri edinir: ölümsüzlük, bütünlük ve Yaradan'ın derecesi.

Yaradan hepimizin önünde tıpkı İbrahim'in önünde olduğu gibi açığa çıkar. Tüm yaşamımız boyunca hepimiz bir kez bile olsa içsel bir ses, içsel bir güç ve farklı bir şekilde yaşama arzusu -hayatın tüm rutinini geride bırakıp zamansız, anlamlı bir yaşam sürmek ve bir şekilde hepsinin üzerinden atlayıp, yükselmek- hissederiz.

Bunları yazarken niyetim, beş bin yıl önce yaşamış bir insanla ilgili konuşmaktan ziyade İbrahim'in her birimizin içinde olan niteliklerine odaklanmak. Yaradan bu nitelikleri bizi etkilemek için nasıl kullandı?

Kabala'ya Uyanış — Michael Laitman

Yaradan, İbrahim'in doğuştan sahip olduğu tüm arzuları bırakıp O'nun göstereceği başka bir arzuya gitmesini istediğinde, maneviyata hemen yükseleceğimizden bahsetmez, daha ziyade önce Mısır'a yani en karanlık ve acımasız egoist arzularımıza gitmemiz gerektiğini anlatmak ister. Bu arzular o kadar egoisttir ki, bu nedenle bedenlerini mumyalayıp onları sonsuza kadar koruyarak egoizmi mükemmel bir şekilde temsil eden Mısırlılara benzetilir. Onlar ki kendi ölülerini idol yapmış ve bedenlere tapınmışlardır.

Yaradan İbrahim'e, Yaradan'ı bulacağı ve O'nunla birliğe erişeceği arzuya özlem duyması gerektiğini söylemez. İbrahim için en mükemmel aşama Mısır aşamasıdır. Yaradan İbrahim'in Mısır'dan geçmesi gerektiğini de söylemez fakat basitçe oraya gitmesini ister. Bu nedensiz bir emirdir. Her şeyden önce, İbrahim sıradan bir insandı. Yüksek manevi aşamaya erişmek için önce Mısır denilen düşük aşamayı deneyimlemek zorundaydı. Yaradan'a yakın olmak için Bethel'e gitmesine rağmen gerçek şu ki Yaradan onu buradan uzaklaştırdı.

İBRAHİM'İN YOLUNU İZLEYEREK KENDİ KİŞİSEL GELİŞİMİMİZ

İbrahim Bethel'den olabildiği kadar uzaklaştı. Bu durum manevi edinimi arzulayan ve bu konuyla ilgili kitaplara çekim duyan kişinin durumudur. Onları okur, Kabala çalışır ve bunun Bethel (Tanrı'nın evi) olduğunu bilir. İbrahim Yaradan'a kurban sunduğunda -hayatın ondan ne beklediğini, Yaradan'ın ve iç sesinin ondan ne yapmasını istediğini anlamaya başladığında-

Michael Laitman

aniden bir açlık hissetti. Bu açlık o kadar yoğundu ki onu Mısır'dan çıkarttı. Kabala kitaplarını okuduğumuzda bizde büyük bir manevi açlığı izleyen acıyı hissetmeye başlarız. Kendimizi her zamankinden daha fazla aşağı ve kötü hissederiz. Dünya o kadar anlamsız hale gelir ki en alt seviye arzularımıza yani Mısır'a gitme hissini yaşarız.

Gelişimimiz açısından en doğru ve en gerekli süreç, kendimizi hissedebildiğimiz evredir. Hissiyatın yoğunluğunun ve kalitesinin önemi yoktur; iyi ya da kötü, canlandırıcı ya da depresif olabilir. Mısır'a gitmeden, Yaradan'ın direkt yönlendirmeleriyle doğru arzuları bulamayız. İlk arzularımız çok küçüktür, onları sona kadar esnetsek bile, bizi ancak Bethel'e kadar getirir yani Tanrı'nın evine, artık Cennet Bahçesine girmişiz gibi hissetmemizi sağlayan Tora'nın çalışması için hazırızdır. Fakat gerçekte durum bu değildir! Tora bizi önce kötülüğün farkındalığına, tamamen egoist olduğumuz ve tüm arzularımızın maneviyata tamamen ters olduğu hissine getirmelidir. Eğer bu aşamayı deneyimler, anlar ve içselleştirirsek, o zaman bunun bizim koşulumuz olduğunu kabulleniriz. İnsanların kendi egosunu tanıması duygusal, somut bir deneyim olmalıdır. Bu şekilde hissettikleri noktada kendilerini ıslah etmeyi istemeye başlarlar. Dolayısıyla egomuzun kötü olarak açığa çıkması çok uzun bir evredir.

Mısır'dan çıkış İbrahim için değil, Yakup ve onun ailesi (Yusuf ve kardeşleri) için amaçlanmıştı. Sürgünün dört yüz yıl sürdüğü kastedilse de aslında daha kısadır. Baal HaSulam, Mısır'ı terk eden ulusun dört yüz yılı tamamlamadığı için iki bin yıldır süregelen başka bir sürgünü deneyimlemeye zorlandığını yazar.

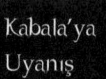

Michael Laitman

Kim olduğunuzu hissetmek ve niteliklerinizi anlamak için en azından maneviyatın neye benzediğini az da olsa hissetmelisiniz. Bu hisleri tam anlamıyla yaşamalı ve onları her açıdan incelemelisiniz. Süreç tamamlandığında Mısır'dan çıkmaya hazırsınız demektir.

İbrahim, bu gelişimin ilk evresini temsil eder. Bir kez Kabala ilmini çalışmaya başladığımızda, kendinizi her zamankinden daha kötü hissedersiniz. Ancak bu his, Mısır'ın ve onun aşamalarının ilk giriş kapısıdır. Sonrasında İbrahim Bethel'e geri döndü. Bir sonraki Mısır yolculuğunda ailesini de yanına aldı. Bu onun azımsanmayacak sayıdaki arzuyu biriktirdiğini ve maneviyata doğru gitmek zorunda olduğunun düşüncesini netleştirdiğinin işaretidir. Bu aşamada manevi gelişimin belli bir derecesine ulaşıp, özümsemişti. Ancak bu olduktan sonra ikinci Mısır düşüşü verilir.

İbrahim tekrar Mısır'a, Bethel derecesine kadar gitti çünkü sadece acı vasıtasıyla ilerleyebiliriz. İbrahim egoist arzulara dalmıştı. Arkasında bırakması istenen her şey, ülkesi, ailesi ve babasının evi, onun tüm varlığını oluşturuyordu. İbrahim tüm bunları geride bırakamayacağını düşündü çünkü bunlar onun doğasıydı, daha farklı düşünmeyi ve farklı davranmayı hayal edemiyordu.

Başlangıçta içimizde olmayanı, hatta ebeveynlerimizin ve atalarımızın hiç hissetmediği bir şeyi hissetmeyi hayal bile edemeyiz. Ancak bu aşamadan çıkıp, manevi açlığın verdiği yeni arzuları edinme aşamasına geldiğimizde bu mümkün olur. Bu açlık sadece bir grup dost, hoca ve çok özel kitapları çalışarak gelişebilir. Eğer bu kitapları yanlış sıralamada okursak, yönümüzü şaşırır ve manevi evrimi geçici olarak durdurmak demek olan doğru yoldan ayrılırız. Daima dikkatli bir gözlem ve inceleme yapmalı, doğru yolda olduğumuzdan emin olmalıyız. Aslında yerimizde sayıp yine de maneviyatı arzularsak, o zaman Yaradan bu açlığı kullanarak bizi ilerlememiz için iter.

İbrahim, bizim tüm niteliklerimizin temeli gibi olan manevi niteliği temsil eder. Bu, Önce Yaradan tarafından ele alınması gereken genel bir manevi niteliktir. İnsanlar Kabala ilmine kendiliklerinden değil, Yaradan onları ele aldığı için gelir. Yaradan onları yakalar, aç bırakır ve onlar da gelir. Kimse sebepsiz yere ya da özel bir ihtiyaç nedeniyle bir şeyin peşinden koşmaz. Sadece açlık hissi bizi mecazi anlamda ülkemizden çıkarır. Sevgi ve açlık yani bir şeyin eksikliğinin hissi dünyayı yönetir. Bu hisse İbrahim denir ve Yaradan bizdeki bu niteliğe döner ve derki: "Arzularını doyurmayı ve gerçeği edinmeyi gerçekten istiyor musun? Eğer istiyorsan, aklın bu aşamasını terk etmeli ve Mısır denilen başka birine gitmelisin. Bu demektir ki, kim olduğunu görmeli ve egoist arzularınla içsel olarak çalışmalısın. Eğer onları ıslah edersen, Ben'i edinirsin; Ben onların içinde sana ifşa olurum." Yaradan özellikle Mısır dediğimiz arzuların içinde belirir. Ancak bundan sonra ıslah gelir.

Hadi gelin İbrahim'e bir kez daha bakalım. Farklı bir zamanda ve yerde yani farklı bir manevi derecede biz onu peygamber olarak tanımlarız. Bir peygamber, Yaradan'la direkt teması olan manevi dereceyi edinmiş kişidir. Sadece Yaradan'la konuşan peygamberler vardır yani onlar manevi konuşma seviyesine ulaşmışlardır. Elbette, Tora'da yazdığı gibi onlar gökte çalan borunun sesini duymaz veya Tanrı'nın sesi Sina Dağının devasa hoparlörlerden çıkarak tüm insanlığa yayılmaz. Daha ziyade onlar Yaradan'la belirgin bir temas kuran kişinin içsel sesini duyarlar. Hem duyan hem gören ve sadece gören ve daha sonra duyan peygamberler vardır. Peygamberlerin kitapları, onların Yaradan'la ilişkisinin nasıl çok yönlü olduğunu, nasıl ve ne zaman O'nun göründüğünü yani peygamberliğin hangi derecesine ulaştıklarını, gösterir.

Peygamberlik derecesi, diğer tüm atalarımızın manevi derecesi gibi, bizim içimizdedir, bizler gelişimimiz boyunca her aşamayı deneyimleriz. Tüm yolu maddesel dünyada yaşarken gitmeliyiz. Ancak bundan sonra kişi kendini Yaradan'la birlik içinde, yaratılış amacını devam ettiren ve şekillendiren gelişiminin nihai noktasına ulaşmış bulur. Aslında Tora bize tüm planı sağlar fakat bunu özel bir yolla anlatır.

Eğer Yaradan size dönerse, bunu İbrahim denilen eşsiz nitelik olarak hissedersiniz. Sizi yönlendirdiğini hissettiğiniz içsel sese Yaradan denir. Tora'da anlatılan, iç sesinizi ve kendinizi anlama çabasından başka bir şey değildir.

YOLDA KALMAK

Yaratılış hikâyesindeki yeryüzü gibi, ruh da bedenin içinde belli bir gelişim sürecinden geçmek zorundadır. Bu süreci tamamlamak bir ömürden fazla sürer yani ruh kendini birçok döngü boyunca farklı bedenlerle kılıflandırır. Süreç net olmasına rağmen, bir ruhumuz, manevi bir yapımız olduğunun hissi olmadan ve dolayısıyla bu dünyadaki yaşamımızın amacını idrak edemeden yaşarız.

Daha önce söylediğimiz gibi ruh sadece haz alma arzusudur. Bedenin kendisi cansız bir nesneyken, o bedenin ihtiyaçlarını ve eğilimlerini tanımlar. Ruhun gelişimi insanda farklı ihtiyaçlar yaratır. Bedenin arzuları evrimle beraber bedensel hazlardan -yiyecek, uyku ve seks, tıpkı hayvanlar gibi- manevi aşama -bu dünyaya inmeden önceki ilk aşamamız- arzularına yönelir.

Bu arzular bir seferde evrimleşmez fakat karmaşıklaşır. Bu nedenle insan kendini hem bilgi hem para, ün ve seks arzusuyla dolu hissedebilir. Bu herkese olabilir çünkü tüm arzular benzersiz bir ağ oluşturur.

Aynı prensip manevi arzu için de geçerlidir. Daha aşağı arzularla beraber açığa çıkabilir fakat onu ayıran şey, başka bir şeyle tatmin edilemiyor olmasıdır çünkü bu arzunun kaynağı dünyamızın dışındadır. Böyle bir arzunun açığa çıkması ruhun gelişim derecesini belirler.

Ruhlar köklerinden ayrılıp bu dünyanın bedenlerine iner ve birçok yaşam boyunca gelişirler ta ki kişi bu dünya yaşamının dışındaki bir şey için çekim hissedene kadar. İnsanlık farklı gelişim evrelerinden geçer ve ruhlar maneviyat için arzu duyar. Geçmişte bu tip arzular sıradan olmayan bireylerde görülürdü fakat bugün milyonlar bu arzuyu izliyor.

Ruhun içinde arzuların gelişimi sadece bedenle kılıflandığında yani bu dünyada yaşarken gerçekleşir. Sonsuz haz, bütünlük, bilgi ve ölümsüzlük edinmek için, tüm bunlardan bağımsız bir arzu ve onun yokluğunun hissi olmalıdır. Mükemmel olarak yaratılan ilk ruh, kendi mükemmelliğinin değerini bilmez ve bu nedenle en aşağı seviyeye dünyamıza inip, tekrar yükselerek başlangıçtaki mükemmel aşamasının değerini öğrenmek zorundadır.

Aynı ruhun parçaları olduğumuzdan, her insan bu ya da bir sonraki yaşamında Yaradan'la ya da Üst Güçle temas edip ruhunun köküne dönme arzusunu hissetme noktasına erişmek zorundadır. Ancak, bu hissi halen bu dünyada yaşarken, ruhlarımız bedenle kılıflıyken edinmeliyiz. Başlangıçta ruh bedene bağlı değilken olması gereken yerde, köküne bağlı bir şekildeydi. Bu durumla ruhun bedenle kılıflanmış hali arasındaki fark, beden içindeki ruhun ilk halinde sahip olduğu haz ve üst ışıktan daha fazlasını edinmiş olmasıdır.

Kişi kendi manevi köküne dönme ihtiyacı duymaya başlasa bile, bu ihtiyaç bilinçsizce hissedilir. Bu nedenle ilk manevi arzu, mükemmel aşamayı isteyip onu almaya hazır gerçek bir arzuya dönüşmeden önce, kişi belli bir süreçten geçer.

Sadece insanların ve hayvanların değil, bitkilerin ve cansız varlıkların da ruhu vardır. Aşağıya inen zincirde insanoğlunun son olarak yaratılmasının sebebi

en büyük haz alma arzusu olmasındandır. Köküyle kıyaslandığında insanlar maneviyattan en uzak yerdedir. Fakat özellikle büyük arzuları olduğundan, bunu tersine çevirmeye ve maneviyata yükselmeye yetkindirler.

Maneviyat arzumuz büyük değildir. Dolayısıyla biz onu tüm üst ışık ve eşsiz hazla doldurabileceğimiz noktaya çıkartmalıyız. Bütün işimiz, tüm arzulardan daha büyük olan manevi arzuyu edinmektir. Mükemmel, sonsuz hazzı hissetmemizi sağlayacak olan arzuyu geliştirmeye yardım etmek için, yeni arzulara bizi uyandıracak görünmez bir ışık kökümüzden ruhumuza iner.

Bu ışık manevi arzuları geliştirmek için, etrafımızda belli bir çevre, içimizde uyanan dışsal ve içsel koşullar oluşturur örneğin düşmanca bir çevre ya da içimizdeki içsel düşmandan korkma hissi. Böyle hisler kişiye aniden geldiğinde korkutucu olabilir. Fakat kişi direkt olarak ya da bir rehber vasıtasıyla bu dış güçlerin onu Üst Güce uyandırmak için amaçlı olarak gönderildiğini anladığında, bu sözde düşmandan korkmaz.

Tüm bu hoş olmayan durumlar bize bunların dışsal şeyler olmadığını, korkmamamız gerektiğini, bunun maneviyat ve Üst Güçle temas eksikliğinden kaynaklandığını anlamamız için gönderilir. Maneviyat için tam bir arzu, sürekli olarak gelen inişler (bu dünya arzuları) ve çıkışlar (Üst Gücün arzuları) vasıtasıyla aşamalı olarak gerçekleşir.

Kabala'ya
Uyanış

Michael Laitman

KABALİST OLMAK

Eğer üst dünyayı hissedemezsek, bize dünyanın kendi varlığı varmış gibi gelir, kendimizin ve içinde yaşadığımız dünyanın yukarıdan nasıl kontrol edildiğini göremeyiz. Bu sebeple etrafımızdakileri düşman gibi algılar ve bizi kökümüze döndürecek araçlar olarak görmeyiz.

Ruh bedene inmeden önce, kökünün içinde küçük bir noktadır. Buradan bizim dünyamıza iner, bedenle kılıflanır ve köküyle bağlantısını kaybeder. Köküne ancak bedensel arzularını ıslah ederse dönebilir. Bedende 620 arzu vardır. Onları ıslah ederek ruh, düşmeden önce sahip olduğu hazlardan 620 kat daha fazla hazzı elde edeceği köküne geri döner.

Bu yolu geçenlere ve bu ıslahı başaranlara Kabalist denir. Hem bu dünyada hem de maneviyatta yaşarlar. Bu dünyadan manevi kökümüze geri giden dereceleri nasıl çıkacağımızı bize aktarırlar. Onların açıklamalarını okuduğumuzda, bizi yukarıya çeken üst ışığın yansımasını kendimize çekeriz.

Tüm nesiller boyu, Kabalistler amaca -yaratılış amacı- ilerlemesi için insanlığa yardım ettiler. Fakat bu yardım daima "perdelerin arkasında" yapılmıştır. Bugün milyonlar manevi arzu hissettiğinden, Kabalistler dünyaya manevi ışığı çekmek için herkesin yardımının gerekli olduğunu söyler.

Yaradan'la temas kuran ruh, tüm nüfusun yapabileceğinden çok daha fazla ıslahı gerçekleştirebilir. Islahı başardığında bunu insanlarla paylaşır ve bu nedenle insanlık böyle kişilere değer verir. Maneviyatta bireyin çalışması kolektifin çalışmasından daha önemlidir. Her ikisi de önemli olmasına rağmen, onları kıyaslamak imkânızdır çünkü bunlar tamamen farklı manevi çalışmalardır.

Kabalistler maneviyatla direkt teması olan kişilerdir, kolektif toplumun tüm acılarını kendilerinde toplar ve sonra onu üst dünyaya yükseltirler. Kabalistler insanlara inen ve onların yaşamlarını aydınlatan üst dünyanın bereketini ve ışığını çekerler.

Çoğu insan acı hissetse de bunun farkında değildir. Eğer acı hissinin içlerinde yarattığı şeyi görebilselerdi, ondan kurtulmayı değil ıslah etmeyi isterlerdi. Bir Kabalist toplumun acılarını hissedebilir ve bu acıyı kökün içinde ıslah edebilir.

Izdırap, maneviyata ulaşma isteğidir. Bu dünyadaki tüm ıstırabın sebebi budur. Manevi bütünlüğün eksikliğinden kaynaklanan acıyı Kabalistler aşarken, toplum hastalık, yoksulluk ve kayıp gibi vasıtalarla acıyı hisseder.

Yaratılış sistemini bilmiyoruz ve bu sebeple onu doğru kullanamıyoruz. Bu tıpkı birçok elektronik, mekanik, hormonsal ve sinirsel sistemi içeren, bilinmeyen ve hissedilmeyen karmaşık bir makinayı çalıştırmayı öğrenmek zorunda olan insanın duruma benzer. Kişi makineyi nasıl çalıştıracağını öğrenmeden önce bütün düğmelere basar.

Kabalistler makinayı nasıl çalıştıracağımızı öğrenmeye bizi teşvik eder. Yaratılış amacımız kesinlikle bu olduğundan, makinayı çalıştırmak zorundayız. Yaradan'ın rehberliğini aramamız için diğer yaratılanlardan farklı olarak, özellikle bize özgür seçim hakkı verilmiştir. Kişi tam olarak "makinayı" nasıl çalıştıracağını öğrenip, Yaradan'la birleşmeyi tamamladığında, kendini O'nun yerine koyar.

Yaratılışa hükmetmek özgür seçim olduğunda mümkündür. Eğer bunda yer almaz ve özgür seçimimizi kullanma olasılığımızı görmezden gelip, hayvanlar gibi yaşamayı seçersek, o zaman doğanın yani yaratılışın tüm insanlığı ve evreni amaca doğru yönlendiren yasasıyla evrimleşmeye devam ederiz. Tüm yaşayan varlıkları en iyi ve en huzurlu aşamaya, yaratılış amacına getiren bu yasada iki aktif güç vardır: Yargı (Din) ve Rahmet (Rahamim). Şöyle söylendiği gibi: "Başlangıçta Tanrı dünyayı Yargı niteliğinde yarattı, dünyanın var olmadığını gördü ve onu Rahmet niteliğiyle birleştirdi."

Yaratılış amacına ya bağımsız olarak rahmetin yumuşak gücüyle ya da işleri doğaya bırakıp yargının sert gücüyle ilerleyip ilerlememek bizim seçimimizdir. Sonunda seçmek zorunda olduğumuz şey ya Kabala çalışarak amaca bilinçli olarak ilerlemek ya da çalışmayıp, önümüzde ne olduğunu bilmeden bilinçsizce ilerlemek. Sadece bunda özgür seçimi bulabiliriz.

Bu seçim hepimizi ilgilendirir çünkü toplum bir piramit gibi inşa edilmiştir. Kaderi anlayabilme çabasında birbirimizi tamamlarız. Islah tepeden başlasa da, hazırlığı dipten başlar ve eğer aşağıda ıslah için bir isteksizlik olursa, yukarının da bunu başarması mümkün değildir.

Bilinçli liderlik vasfı, seçilmiş bir azınlığa verilmiştir fakat toplumun kendine has bir ağırlığı olması sebebiyle farklı bir yolla, Kabala çalışması vasıtasıyla fark yaratabilir. Toplum etrafındaki dünyayı sorgulamaya başladığında, onu daha iyiye doğru değiştirmeye başlar.

Tüm dünyanın realitenin işleyişinin detaylarının bilgisini edinmesine gerek yoktur. Onun yerine toplum realitenin işleyişine doğru şekilde yaklaşmalıdır. Böyle yaparak, Kabalistlerin çabalarına katkıda bulunur ve onları tamamlar. Üst gücün bilgisini ve önemini yükseltmek toplumun görevidir. Üzerimizde işleyen ve bizi yönlendiren üst gücün varlığını hissetmek, okumak ve konuşmak yeterlidir. Kabalistlerin ise dünyanın liderliğini üzerlerine almak ve geleceği şekillendirmek gibi özel görevleri vardır.

Kabalist Akiva tüm Tora'nın tek bir yasadan bahsettiğini söyler: "Komşunu kendin gibi sev." Bu yasayı izlemesi öğretilen yirmi dört bin öğrencisi, birbirine karşı sebepsiz bir nefret geliştirdi. Bu bozukluk sebebiyle beşi hariç hepsi öldü; geride kalanlar nefrete sürüklenmemiş olanlardı. Aralarında Kabalist Şimon Bar Yohai vardı. Öğrenciler sevgiyle birlik olduğunda buna Tapınak zamanı dendi. Sebepsiz nefretin bozukluğu tekrar belirdiğinde, sadece kendileri için alma arzusuna sahip olduklarından, buna Tapınağın yıkımı dendi. (Önce manevi yıkım ve sonra bunun sonucu olarak fiziksel yıkım geldi). Kâinatın içinde var olan her şey, üst dünyada meydana gelir ve sonra bizim dünyamıza iner.

Kabalistler Tapınağın yıkımını öngördüler ve bugün insanları yaşamı seçmeleri için ikna etmeye çalışıyorlar çünkü gelecekteki bir felaketi manevi dünyada görüyorlar. İnsanlar kötü düşüncenin ölümcül etkisine inanırlar. Bilimde de ispatlanmıştır ki, kötü

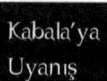

Michael Laitman

niyetli bir kimse bir bitkiye yaklaştığında, ona ne kadar su verse görünüşte olumlu davransa da, bitki bu negatif eğilime reaksiyon gösteriyor. Bu eğilim, bitkinin tepkisiyle ve onu reddetmesiyle ölçülebilir.

Bilim ve teknolojinin her alanında görülür ki ne kadar güçlü enerjiler varsa, bunlar bir o kadar gizlidir. Bilim artık eylemlerimizin değil düşüncelerimizin dünya üzerinde güçlü bir etkisi olduğunu görmeye başladı. En hassas deneylerde araştırmacının kimliğinin çok önem taşıdığını bilim insanlarından duymaya başladık çünkü maddenin reaksiyonunun ve deneyin sonucunun, onu araştıran kişinin moral seviyesine bağlı olduğunu anladılar.

Tüm kutsal kitaplarda, bu dünyayla ilgili tek kelime edilmez, sadece manevi dünyalar anlatılır. Bu kitaplara "kutsal" denir çünkü kutsallık demek, Yaradan'ın niteliği olan ihsan etmektir. Tora'da, Yaradan'ın derecesine, yaratılış amacına ulaşana kadar yaratılışın ve ruhun ıslahının süreci, bu dünyanın kelimeleriyle anlatılır.

Michael Laitman

RUHLARIN EVRİMİ

Binlerce yıldır insanlık farklı seviyelerdeki arzuların gelişimiyle ilerlemiştir. Açığa çıkan bu arzuları doyurma yollarının aranması, o medeniyet seviyesinin derecesini ve teknolojik ya da bilimsel olarak tanımladığımız gelişmeleri belirler.

Arzular küçükten büyüye sürekli olarak geliştikçe insanlık ilerler. Kabala insan arzularının bütününü beş aşamaya ayırır:

- İlk aşama ya da cansız seviye: seks ve yiyecek ihtiyacı
- İkinci aşama ya da bitkisel seviye: zenginliğe özlem
- Üçüncü aşama ya da hayvansal seviye: güç ve ün için çabalama
- Dördüncü seviye ya da konuşan seviye: bilgi açlığı
- Beşinci seviye ya da konuşan seviyenin içindeki konuşan seviye: maneviyata, Yaradan'a özlem

Seks ve yiyecek ihtiyacı hayvan arzularıyla aynıdır. Tam bir tecrit halinde bile açlık, üreme ve cinsel ilişki ihtiyacı hissedilir.

Zenginlik, güç, ün ve bilgi arzuları onları tatmin etmek için etrafta başka insanların olması gerektiğinden, insan arzularıdır.

Doğarız, hayvansal ve insan arzularımız gelişir ve sonra henüz idrak edemediğimiz ve formüle edemediğimiz gizli fakat gerçek özlemimiz bu dünyanın ötesine geçtiğinde, diğer arzuların yerine getirilmesinin bizi tatmin etmediğini keşfederiz.

Bu arzuyu yukarıdan alırız. Ya hayvansal arzu olarak doğa tarafından verilir ya da diğer insan arzuları gibi toplumun etkisiyle gelişir. Kabala bu seviye arzuya "manevi ışığın arzusu" ya da "ruh" der.

Kabala "kolektif ruh" ya da "Âdem" denilen manevi yapıyı çalışır. Yapı 600.000 parçadan oluşur, her bir parça çok sayıda parçaya ayrılır ve bizim dünyasal arzularımızın içine yerleşir.

YENİ BİR ARZUNUN DOĞUŞU

Dünyasal arzuların toplamına "kalp" denir. Arzu kalbe yukarıdan yerleştirilir ve bu "kalpteki nokta" olarak kabul edilir.

Bu dünyadaki biyolojik yaşamımız süresince, manevi arzumuzu doyurmak zorundayız. Bu hedefe ulaşana kadar dünyaya geri dönmeye devam ederiz. Bu nedenle her nesil, bedenlenmiş aynı 600.000 ruhu içerir.

Her nesilde aynı 600.000 ruh, Yüce Işıkla doldurulmak için gelişir. Beden ölür, ruh devam eder ve yeni bir bedenle kılıflanır, Yüce Işığın onu dolduracağı aşamaya kadar ilerlemeye devam eder.

Çoğu insan bu dünyayla sınırlı arzulara sahiptir. Bunlara yaratıcı, entelektüel, kültürel arzular ve bu dünyanın yapısını anlama ve araştırma ihtiyacı da dâhildir. Bu durum, bu insanların bedenle kılıflanmış ruhlarının henüz manevi arzuya -arzuların gelişiminin beşinci aşaması- ulaşmadığını gösterir. Bu tip ruhlar dünyasal bedenlerinin ötesine geçme özlemi duymazlar.

Ancak, farklı tipte ruhlar da vardır. Bedenin içine sıkışmış bu ruhlar kişiyi dünyasal olmayan, ölümsüz bir şeyin özlemi için zorlar. Başkaları gibi bu insanlar da bu dünyanın sağladıklarıyla yetinmeye çalışır ama kar elde etmek için değil. Diğer insanların zenginlik ve başarı çabasını görür ve bunun oyundan başka bir şey olmadığını anlar. Bu "oyunların" içinde başarıyla yer alırlar fakat bu onları tatmin etmez.

Kendini yalnız ve boş hisseden bu insanlar, gittikçe ruhlarının farklı bir şey istediğini hissetmeye başlarlar. Artık dünyasal hazlarla kendilerini daha fazla doyuramayacaklarını anlar ve hayatlarının anlamsız olduğunu hissederler. Bu aşamada manevi arzularını tatmin edecek yollar aramaya başlarlar.

Arayış ve hayal kırıklığı bu yeni arzunun en belirgin özelliğidir ve bugünlerin karakteristiğidir. Yirminci yüzyılın ortalarında her geçen gün daha fazla insan yukarıdan gönderilen manevi arzuya doğru uyanmaya başladı. Bu arzu diğer arzularla birleşir ve kalpte karmaşa yaratır. Beşinci arzu, içsel huzursuzluğa sebep olur ve kişiyi özellikle Kabala'ya yönlendirir.

Ancak manevi arzu yukarıdan gönderilir ve bu sebeple dünyasal hazlarla giderilemez. Kabala bu arzunun nasıl doyurulacağını öğretir, Kabalistler buna dolduran ışık ya da Yüce Işık adını verir. Manevi doyum arzusunun adı ise "kalpteki noktadır."

Kabala'ya Uyanış

Michael Laitman

KALPTEKİ NOKTA

Yaradan'ın niteliklerini edinmeye ve O'nunla birlik içinde olmaya özlem duyan kişinin, içsel arayış noktasına kalpteki nokta denir. Eğer kişinin böyle bir arzusu varsa, Kabala bunun için vardır. Eğer arzu yoksa kişi asla Kabala'ya yaklaşmaz. Bu sebeple maneviyatta zorlama yoktur ve Kabala çalışma zorunluluğu yoktur. Sadece Yaradan'a yaklaşma zamanının geldiğini anlayanlar Kabala'ya gelir.

Tüm ruhlar, tek kolektif ruhun parçalarıdır fakat her biri kendi başına gelişir. Bu sebeple manevi gelişimi şimdi talep eden ya da biraz daha bekleyecek olan ruhlar vardır.

Birey kendine manevi arzuyu dayatamaz. Yaşamda farklı şeyleri arzularken, hiç beklenmedik bir anda manevi arzu içinde uyanır. Buna "kalpteki nokta", bir tohum, ruhun embriyosu denir. Bu olduğunda, kişi Kabala ilmini bulana kadar aramaya devam eder.

Eğer kişi, maneviyat için neden büyük bir arzu duyduğunu henüz idrak etmediği bir aşamadaysa, Kabala'ya gelmesi yıllar, hatta pek çok yaşam alabilir. Tüm insanlığın durumu budur, tıpkı Yeremya Peygamberin söylediği gibi: "En büyüğünden, en küçüğüne hepsi Ben'i bilecek." Bu nedenle Kabala ilmini bir başkasına dayatmak imkânızdır.

Michael Laitman

KABALA BİLİMİ

Kabala yaratılış sistemini, oluşma şeklini, özünün kökünü ve yapısını çalışan bir bilimdir. Yaradan'ın sistemi nasıl yönettiğini ve yaratılış amacı olan O'nun derecesine yükselmek için yaratılışın nasıl ıslah olacağını çalışır. Kabala Yaradan'a yakın olmakla ilgilenirken, din ise insanların bu dünya bedeniyle ne yapmaları gerektiğini söyler. Kabala ilminin herhangi bir dini hareketle bağlantısı yoktur.

Baal Şem Tov, Ortodoksların fiziksel yönergeleri (Mitzvot) yerine getirirken, belli bir manevi niyet oluşturmasını sağlamak için Hasidizm hareketini başlatmıştır çünkü Baal Şem Tov, en yüksek derecedeki ilk Kabalistti. Dolayısıyla o, kitlelerin içinden Kabalist olma yeteneğine ve arzusuna sahip kişileri seçmek için popüler bir hareket olan Hasidizmi kurdu. Bu şekilde zamanla kendi yöntemlerini oluşturacak olan ilk öğretmenleri yetiştirmek için öğrenci bulmayı planladı. Hareketin amacı Yaradan'ı edinmeyi isteyen bireyleri seçmek ve bununla topluma destek sağlamaktı.

Bir Kabalist içsel çabayla yaratılış sistemini çalışan kişidir. Bu kişi kendi içinin derinliklerin bakar ve tikkunim (ıslah) için çaba gösterir. Böylece o, Yaradan'la form eşitliğine gelmek ve O'nunla tam bir bütünlük içinde olmak için manevi dünyanın merdivenlerini ıslahın sonuna kadar çıkar. Bu ancak Kabala ilmi vasıtasıyla edinilebilir ve zaten maneviyata uyanmış olan kişi buna ulaşabilir. Baal Şem Tov, Hasidizm vasıtasıyla Kabala ilminin temel bilgisini halka aktardığında, kalplerindeki noktayı hissedenlerin sonunda ona geleceğine inanıyordu.

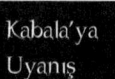

Michael Laitman

Tüm insanlar manevi yükseliş hissine er ya da geç gelir fakat bu yavaş bir süreçtir. Dünyadaki tüm acı ve huzursuzluk alma arzusunun yanlış kullanımından kaynaklanır. Bu nedenle insanların ihtiyacı olan şey, manevi ve maddesel arzuları doğru şekilde nasıl kullanacaklarının bilgisidir. Kabala ilmi insanlara arzularını kendileri, aileleri ve tüm insanlığa şimdi ve daima faydalı olacak şekilde nasıl kullanacaklarını açıklar.

MANEVİ PUSULANIN YORUMLANMASI

İnsanoğlu kendini ve etrafındakileri araştırmak için fizik, kimya, biyoloji gibi pek çok farklı bilim dalı geliştirdi. Bunlara doğal bilimler denir ve beş duyumuza dayalıdır. Doğayı çalışırken bize yardımcı olması için duyularımızın genişliğini arttıracak araçlar geliştiririz. Nesilden nesle, aşamalı olarak tecrübe kazandık ve dünya yaşamını devam ettirme sorunuyla ilgili daha iyi bir anlayışa ulaştık. Fakat tüm bu bilimler içerisinde bizi çok farklı geliştiren bir bilim daha var -Kabala bilimi.

Araştırdığımız maddesel dünyanın dışında bizden gizli başka bir dünya var. Onu göremediğimiz için, hissedemiyoruz. Eğer o bize görünmezse, başka bir dünyanın var olduğunu nasıl bileceğiz? Geniş realitenin parçalarını oluşturan bazı yasaları biliyor, varlığımızı ve yaşantımızı ayrıntılı bir biçimde açıklayan, rasyonel yasaların olması gerektiğini anlıyoruz. Fakat akla gelmeyen, idrak edemediğimiz bir şey var. Eğer uygun duyularımız yok ise bunu nasıl idrak edebiliriz? Tam ve gerçek bir yaratılışı hissetmek için onları yaratır mıyız yoksa edinir miyiz?

Etrafımızda tüm katmanlarıyla farklı bir yaratılışın var olması çok mümkün fakat biz onu "bizim dünyamız" ya da "bu dünya" dediğimiz anlaşılabilir ve şimdilik hissedilmeyen parçalara ayırdık. Hayal etmesi zor olsa da eğer farklı duyularımız olsaydı, muhtemelen dünyayı daha geniş ve derin bir vizyonla farklı bir şekilde hissedebilirdik. Fakat öyle duyularımız yok ve bu nedenle acı çekiyoruz. Birbirimize ve etrafımıza nasıl davranacağımızı bilmiyoruz çünkü geçmiş ve gelecek yaşamlarımızı görmüyoruz.

Dünyayı bilimsel olarak inceleme aşamasında, bilgimizin tükendiği ve çaresiz kaldığımız bir aşamaya geldik. Geleceği öngören becerilerimizi geliştirecek birçok yol olmasına rağmen, onlar sıradan duyularımızın ötesindeki dünya anlayışına çok az katkı sağlıyor. Olayları öngören sınırlı beceriler edinebiliriz fakat geleceğin bilgisini ve etrafımızdaki dünyayla tam bir işbirliği içinde hareket ettiğimizde gerçekleşecek olan tam bir edinimi asla başaramayız.

İnsanoğlu hayli gelişmiş bir varlıktır. Fakat gün geçtikçe daha fazla insan kendini çaresiz ve kaybolmuş hissediyor. Bilimin ve araştırmaların bize umut ettiğimiz sonuçlar vermede başarısız olduğunu görüyoruz. Dolayısıyla sorunun çözümünün kendi duyularımızda olduğu gerçeğiyle yüzleşmeliyiz. İlave bir duyu geliştirmede kullanacağımız metoda "perde" ya da "geri dönen ışık" denir. Altıncı hissin özü perde, bize realitenin normal hayatımızda algılayamayacağımız parçasını hissetme ve görme becerisi kazandırır.

Kabala'ya Uyanış

Michael Laitman

Beş duyumuz doğuştan gelir fakat altıncı duyuyu biz geliştirmek zorundayız. Bu ancak kişi aniden yukarıdan "çağrıldığında" ve daha geniş bir realite hissettiğinde gerçekleşir ve böylece altıncı hissi geliştirme ihtiyacı doğar. Bu aşamalı bir süreçtir. İnsanlık sürekli olarak ilerliyor, arzuluyor ve değişiyor. İnsan önce hayvansal seviyedeki fiziksel hazları hedefler. Sonra insan seviyesindeki zenginlik, güç, saygı, bilgi gibi arzuların tatmini gelir. Ancak bütün bu arzular idrak edildiğinde fiziksel dünyanın ötesindeki özü, yüce realiteyi edinme arzusu belirir.

Kendimiz dışındaki realiteyi hissetmemizi sağlayan şeye altıncı hissin "embriyosu" denir. Bu aşamadan sonra altıncı hissin gelişimi sadece bireye bağlıdır. Bu his izole olarak değil tersine "Kabala ilmi" denilen insanlığa verilmiş özel bir sistem aracılığıyla gerçekleşir.

Her nesilde, bu hatırlatmayı yukarıdan alan ve altıncı hissi geliştirme ihtiyacı hisseden insanlar vardır. Sonra bir şekilde bu insanlar kitapları ve onları geliştirmeye yardımcı olacak hocayı bulur. Bu hocalara Kabalist (lekabel, almak kelimesinden gelen) denir çünkü bu bilgiyi alır ve bize aktarırlar böylece biz de manevi dereceyi ediniriz. Onlar, zenginlik, güç, saygı ve bilgi arzularını idrak ettikten sonra, gerçek realiteyi edinme arzusunu talep eden bireylerin dilinden konuşurlar.

Sonunda hepimiz realitenin her seviyesinde eşzamanlı olarak yaşayacağımız bu aşamaya gelmek zorundayız (eğer bu yaşamda olmazsa, bir sonrakinde). Bunu her zaman yaptığımız gibi sadece beş duyumuzla

değil, fakat yeni edindiğimiz duyu vasıtasıyla yaparız. Bu bize içsel huzur ve tam bir mutluluk sağlar.

İçsel kabın, altıncı hissin gelişimi sebep-sonuç ilişkisiyle ya da tüm insanlığın yapılandığı piramit prensibiyle gerçekleşir. Altıncı his, piramidin tepesindeki belli sayıdaki insanda uyanır.

Altıncı hissi ilk geliştirenlere, dünyamızla, manevi dünya arasındaki sınırı, bariyeri aşmak anlamına gelen İbranice kelime ever'den gelen, İbrani denir. İbrahim Peygamber bu dünyanın sınırlı hissinden üst dünyanın hissine geçen ilk kişiydi. Dolayısıyla İbrahim'in soyu, altıncı hissi geliştirmede piramidin tepesindeydi. Peygamberler derler ki, gelecekte tüm insanlar gelişimin en yüksek seviyesine ulaşıp üst güçlerle bağ kuracak ve yaşam döngüsünü tam olarak algılayacak. Herkes yaşam kavramının ötesindeki varoluşu edinecek ve realitenin tüm seviyelerinde var olacak.

Tüm eski Kabalistler, bizim zamanımızı milyonlarca insanın maneviyatı arzulayacağı ve altıncı hissi geliştireceği bir dönüm noktası olarak işaret etmişlerdir. Daha önceki nesiller esas olarak bu dönüm noktası için bir hazırlıktı. Bu nesiller, tüm ruhların en üst aşama Eyn Sof (sonsuz dünya ya da ölümsüzlük) dünyasından düştüğü ve birçok dünya boyunca gittikçe düşüp bizim dünyamıza vardığı "ruhların düşüşü" denilen bir süreçten geçtiler. Dünyaya inen ruh, nesiller boyu birinci ve ikinci Tapınağın yıkımı ve dört sürgün boyunca düşmeye devam eder. Bizim neslimizde uzun sürgün sona ermiştir. Bundan sonra sadece ruhların yükselişi olacaktır.

> Kabala'ya
> Uyanış

Michael Laitman

Bizim zamanımızdan önceki tüm Kabalistler, yükseliş sistemini bizim için hazırladılar. Bizler, kaplarımızla beraber kendimizi gerçek anlamda maneviyata yükseltmek amacıyla, kolektif ruh düzenin ilki olmak için bir araya gelmiş bir grup ruhuz.

Eğer Ari'nin makalelerini ve Baal HaSulam'ın kitaplarını çalışırsanız, her şeyi çok basit olarak anlattıklarını görürüsünüz. Bu sebeple, Kabala gittikçe halka yayılmaya başlamıştır. Ama yine de ancak bir avuç insan Kabala'nın bir bilim olmasının, gizlenmesinin ve kendine has yolunun nedenini idrak eder.

Kişinin üst realiteyi anlama ihtiyacı ortaya çıktığında, Kabala sistemini kullanarak kalpteki noktayı ve altıncı hissi geliştirmekle çalışmaya başlamalıdır. Bu süreç birkaç yıl sürebilir. Altıncı his yavaşça büyür ve evrimleşir; birey nedensellik dünyasını hissetmeye başlar. Sonra dünyada olan şeylerin sebebinin vizyonu ona verilir ve tüm eylemlerin, güçlerin, arzuların ve düşüncelerin kökünü ve sonuçlarını görebilir.

Köke ait olan kişinin "kendisi", sadece altıncı duyunun içinde hissedilir. Bu duyu geliştiği anda birey "ruhu" hissetmeye başlar. Bu süreçte iki yolla ödüllendiriliriz. Önce, düşüncelerimizin ve arzularımızın bizden başkalarına nasıl aktarıldığını görmeye başlar, başkalarının düşüncelerini nasıl aldığımızı ya da onlardan nasıl etkilendiğimizi anlamaya başlarız. Dünyanın nasıl işlediğini ve her şeyin etrafımızı saran doğayla ilişkili ve tekrar bize döndüğünü görmeye başlarız. Zaman kavramı tamamen ortadan kalkar ve biz dünya zamanının gerçek anlamını, geçmiş, bugün ve geleceği bir seferde algılarız.

İkinci ödül, bireyin kaderi ve dünyayı dışarıdan etkileme becerisi edinerek etrafında olan şeyleri doğru anlamaya başlamasıdır. Bu şekilde sadece geleceği öngörmek değil aynı zamanda geleceği etkilemek de mümkündür. Bu güçler kendi doğamızın ötesine geçebildiğimiz sürece ve üst dünyanın kavramlarıyla düşünmeye başladığımızda açığa çıkar.

Tüm bunlar gerçektir ve istisnasız hepimiz bunu edinebiliriz. Yaratılışın kolektif yasası her birimizin bu aşamaya ilerlemesini gerekli kılar. Ancak, insanlık bu realiteye arzusu dışında bilinçsizce ilerlemektedir. Amaca doğru isteyerek ilerlemeye başlayan, gerçek realiteyi edinmeyi dileyen kişi, dünyasal acılar ve baskılar hisseder fakat hemen doğanın ve evrenin kötülükle değil, iyilikle dolu olduğunu görür.

YARADAN VE YARATILAN

Realite iki elementten oluşur: Yaradan ve yaratılan. Biz bunu farklı şekillerde duyularımızda hissederiz. Yaradan hissi bizim "dünya" ya da "yaratılış" dediğimiz şeydir. Yaratılan zaman zaman Yaradan'ı kısmen ya da tam olarak hisseder; bazen de O tamamen gizli kalır. Yaratılan Yaradan'ın farkındalığına sahip olmayabilir. Yaradan'ın farkındalığının ölçüsü sadece yaratılana bağlıdır çünkü Yaradan tıpkı güneş gibi ışıldamaya devam eder.

Yaradan ihsan etme ve cömertlik niteliklerine sahiptir. Yaratılan, Yaradan'a benzer olma niteliklerini edinmek isterse, bu aşamaya Yaradan'la form eşitliği aşaması denir. Kişi niteliklerinin Yaradan'la benzer olması ölçüsünde Yaradan'ı tam olarak ifşa olmuş bir şekilde hisseder. Kişinin nitelikleri Yaradan'la bağdaşmazsa, Yaradan'ı gizli olarak hisseder. Bu nitelikler Yaradan'ınkilerle zıt olduğunda birey Yaradan'ın var olduğunu bile hissetmez.

Yaratılan Yaradan'ı haz, sağduyu, huzur ve bütünlük olarak hisseder. Dolayısıyla bu hislerin yoğunluğu Yaradan hissinin yoğunluğuna bağlıdır. Yaradan tüm yaratılanları egoist haz alma arzusuyla yaratmıştır. Yaradan, yaratılan tarafından haz hissiyle algılanır. Haz demek Yaradan hissi ya da O'nun ışığının hissi demektir.

Yaratılan özünde haz arzusudur. Kendimi Yaradan'a yakın hissettikçe hazzım büyük olur. O'dan uzak olduğumda haz az olur ve hislerim acıya dönüşür. Biz Yaradan'a yakın olma hissini bu şekilde belirleriz. Bunu niteliklerimizi değiştirerek yaparız. Yaradan'ın cömertlik niteliğine yaklaştıkça O'na yakın oluruz. Bu kendimizi en iyi hissettiğimiz andır. Bu şekilde kişi kaderini değiştirebilir ve dünyaya hükmedebilir.

"Dünya", kişinin Yaradan'la eş ya da bir olması ölçüsünü belirleyen tüm koşulların toplamıdır. Bu edinim derecesi bizim tarafımızdan belirlenir. Kendi arzumuz, niyetimiz ve dualarımızla O'nunla eşit olma koşullarını belirleriz. Arzularımıza yön verme sürecine MAN (dişi sular anlamına gelen Mayim Nukvin) yükseltmek denir ve bu yaratılanın Yaradan'la ilişkisini etkileyecek yukarıdan alacağı tek şeydir.

Michael Laitman

İnsan bu dünyaya doğduğunda, Yaradan'ı algılama hissi O'nu tamamen gizleyen bir perdeyle örtülüdür. Bu perde nedeniyle Yaradan'ın varlığını hissedemeyiz. Kişinin hissettiği şey, gerçekte var olmadığını hissedemediği "dünyadır." Yaradan benden gizli değildir fakat ben O'nu hislerimde hissedemem. O'nu benden gizleyen perdelerdir. Ama yine de bu perdeleri aşarak O'nunla ilişkimi etkileyebilirim.

İlk Yahudi çiftçiler İsrail'in güneyindeki Negev Çölüne yerleştiğinde, Yehuda Aşlag'a "Suyu nereden bulacaklar?" sorusu soruldu. O da suyun çiftçilerin duası yoluyla geleceğini söyledi. Çiftçiler dünyevi hatta dine karşı olduklarından nasıl dua edecekleri sorulduğunda karşılığında şu cevabı vermiş: "Bunun önemi yok. Herhangi birinin yaşam arzusu, tüm yaşamın kaynağı olan Yaradan tarafından hissedilir dolayısıyla Yaradan onlar bunun farkında olmasa da arzularını yerine getirir." Bu demektir ki, Yaradan'ın varlığını bilmesek de, O'nu hissetmesek de hatta O'nu inkar edip eylemlerini anlamasak bile arzumuz Yaradan'a ulaşır.

Kabala'ya Uyanış　　　　　Michael Laitman

GÜDÜMLÜ ARZUNUN GÜCÜ

Yaradan sürekli olarak arzu yaratır. Arzu içimizden, aşağıdan yükselir ve çeşitli yoğunluklarda açığa çıkar. Buna rağmen amaç, sadece kendisi için almak olan bozuk arzuyu Yaradan için alma arzusuna değiştirmektir. Kabalist olmayan sıradan bir insan bile düşünceleri, arzusu ve niyeti vasıtasıyla MAN yükseltebilir çünkü O'nun varlığını idrak etmemiş olmasına rağmen daima aklında Yaradan'dan alma arzusu vardır.

Bu düşünceyle, niyetle ve istekle başarılabilir. Hepimiz sosyal, finansal ya da dinsel statümüzün dışında bunu doyurmaya mecbur edilmişiz. Herkes kaderin içsel dönüşümümüz yoluyla değiştirilebileceğini bilmelidir.

Üst güce dönmeli ve O'na yaklaşmalıyız. Yaklaşmak yeterlidir. Bizi O'na doğru çeken Yaradan'ın ışığı, biz yaratılanlar için tek yaratılış yasasıdır. Güç bizi acı yoluyla uyandırır ve O'na yaklaşmamızı sağlar. Kişi bağımsız olarak Yaradan'a yaklaşma arzusu eksikliği içindeyse acıyla itilir. Bu güç üzerimize işlemeden önce ondan kaçıp, kendi isteğimizle Yaradan'a doğru yaklaşırsak huzura erişebiliriz. Buna "acının yolunun" tersi olan, "ışığın yolu" denir.

Durumumuzu belirleyen şey, bizi kendine çeken üst güçle nasıl ilişkide bulunduğumuzdur. Bu siyasi bir mesele ve düşmanlarımızı memnun etme çabası değildir. Durumumuz Mitzvot'ları (ahlaki kurallar) pratik etmeye arzulu olmamıza da bağlı değildir çünkü Yaradan mekanik eylemler yaparak O'na dönmemizi istemez. Bu kuralların manevi derecelerini yani yaratılış yasasının ruhunu edinmek zorundayız. Manevi bir yasayı mekanik bir yasa gibi yerine getirmek mümkün değildir çünkü manevi yasayı gerçekten sürdürmek demek onun içinde olmak, onunla eşitlenmek ve ona benzer olmak demektir. Yaradan ve tüm manevi dünya ihsan eden tek güçtür. İnsanoğlu ona benzemek, yani tüm arzularını tıpkı Yaradan'ın insanlara iyilik ihsan etmek istemesi gibi Yaradan'a ihsan etmek için, düzeltmek zorundadır.

İnsan ruhu 613 arzudan oluşur. Başlangıçta bunlar egoist arzulardır fakat kişi bunları Yaradan'a ihsan etmek için ıslah ederse, bu ıslah eylemine Mitzvah denir. Işık ıslah olmuş arzuya girer ve buna "Yaradan'ın ifşası" ya da "Tora'nın ışığı" denir. Bütün arzular Yaradan'a memnuniyet ihsan etmek için ıslah edildiğinde, bu aşama O'nunla dvekut (birleşme) olarak bilinir ve Yaradan yaratılanı doldurur ya da önünde belirir.

Eğer Yaradan arzunuz, sizi O'na çeken güçten daha güçlüyse o zaman maneviyatın içinde ve kendi manevi perdenize sahipsiniz demektir. Bu demektir ki egoizminiz üzerinde bir perde var ve Yaradan'a yaklaşımınız O'dan almaktan ziyade O'na verme arzusu taşımakta.

Maneviyatın bu aşamasında kalmak için kişi her an kendi doğasının üzerine çıkmalıdır. Maneviyatta durmak, dinlenmek ya da hiçbir şey yapmamak gibi bir kavram yoktur. Kişi sürekli olarak kendi çabasını artırarak ihsan etme yoluna girmelidir. Eğer kişinin arzusu büyümezse, Sitra Ahra'nın (Aramice "diğer taraf"), karanlık güçlerin ellerine düşer. Sadece burada özgür seçimimiz vardır ve bu bize yukarıdan verilir. Çaba sarf etmediğimiz anda özgürlüğümüz yok sayılır ve yukarıdan bize gösterilen tavır aniden negatif hale gelir. Yaradan gizlenir ve kişi çevresinin -doğa, toplum ve düşmanlar- onun önüne engeller çıkarttığını hisseder. Aslında doğa, toplum ve düşmanlar dediğimiz şey, Yaradan'ın kostümlerinden başka bir şey değildir. Kişi arzusunu merkeze odaklamaktan uzaklaştıkça, tüm yaratılışı merkeze getiren yasa kişi üzerinde baskı uygular.

İnsanoğlu sürekli olarak evrimleştiğinden, her şeyi merkezde toplamayı arzulayan doğanın kolektif ruhu, gelişmiş olanlardan daha büyük bir çaba ve daha derin bir farkındalık talep eder. Eğer kişi bu çabayı sarf etmezse, derhal cezasını alır ve büyük acılar çeker.

Yirminci yüzyılın başında, insanlık iyi zamanların geldiğini ve büyük keşiflerle mutlu olacağımızı düşündü. Fakat zaman geçtikçe insanlığın ne kadar acı çektiğini gördük. Ayrıca çevresel felaketler, aile bağlarının kopması, uyuşturucu bağımlılığı ve dünya çapındaki terör büyük artış gösterdi. Tüm bunlar ıslah olmadan büyüyen insan egosunun sonucudur. Üst güç, bizi doğamızı ıslah etmenin gerekliliğini fark edeceğimiz bir noktaya getirmek zorunda.

Dünyayı ıslah etmenin yolu Kabala metodudur. Bu sebeple bu zamanda açığa çıkmış ve insanlar Kabala'ya yönelmiştir. Maneviyatı edinmiş ve edinmek isteyen insanlar olarak bu görevi yerine getirme ve dünyaya ıslahı getirerek uluslara ışık olma mecburiyeti vardır.

Örneğin, başımıza trajediler gelmeden önce, şunu anlamalıyız ki bunu bize gönderen O'na odaklanmamızı isteyen Yaradan'dır. İşimiz, yaşam korkumuzun ötesinde olmaktır. Acının ya da hazzın etkisi altına girdiğimiz an, tüm bunların Yaradan'dan geldiğini aklımızda tutmak zorundayız.

Negev Çölünün sakinleri, Yaradan'a yakarmadıkları halde yağmur istedi ve karşılığını aldı. Eğer bilinçli bir şekilde O'na dönmüş olsalardı, çölün ortasında akan bir nehre sahip olacaklardı. Fakat merhamet zamanı şimdi bitmiştir; artık büyüdük ve yasa şimdi bizden bilinçli ve amaçlı olarak Yaradan'a dönmemizi talep ediyor.

Şimdi artık Lo Lişma (O'nun için değil), kendim için alma süreci başlamıştır. Kendime şunu söylediğim bir durumla karşı karşıyayım: "Yaşamak istiyorum, o halde üst güce dönmeliyim." Sonra yaratılış amacına bizi geri götüren yasa kime yalvaracağımızı bilmemizi ister: "Yaşamak istiyorum, o halde üst güce yönelmeliyim fakat O'na nasıl yöneleceğimi bilmek zorundayım." Bu şekilde bizi köklerimize geri götüren ve bize Lişma (O'nun için) arzusu veren Kabala'nın gerekliliği ortaya çıkar.

İnsanlar ışığı almak için yaşamlarında hiçbir şeyi değiştirmek zorunda değildir. Yaradan'ın istediği tek şey, yarattıklarıyla Negev'in çiftçilerinden daha fazla temas kurmaktır. Sadece O'na yönelik bilinçli bir bağ ister.

Gelişimin bir diğer aşaması, kişinin Yaradan'la kurduğu ilişkidir, "Sadece Sen'den bir şey beklemiyor, fakat aynı zamanda bana olan her şeyde Seni görmek

Kabala'ya
Uyanış

Michael Laitman

istiyorum: Biliyorum ki önümdeki dünya resminde saklı olan Sen'sin. Ben Sen'den saklanmıyorum, Sen'in bana iyi olman için, ben Sana iyi olmak istiyorum."

Kabalistlerle beraber piramidin tepesinde olmak için, Yaradan'la böyle bir ilişki kurmada arzudan başka bir şey gerekli değildir. Bugün herkes bu çalışmayı bilmelidir. Şimdilerde Yaradan'ın her birimizin içinde nasıl kılıflandığını keşfedeceğimiz zamanlara ulaştık.

DOĞRU GELİŞİM

Egoizm vasıtasıyla insanlığın gelişimi, manevi seviye ve teknolojinin ulaştığı seviye arasında derin bir boşluğa sebep olmuştur. Kişinin manevi derecesi yani niyeti ile bilimsel yeteneği arasında bir bağ olduğu şüphe götürmez. Yaradan'ı keşfetme ve yaratılış amacını anlama niyeti olmadan, bilimsel araştırmalar sadece realitenin belli konularını ve onların işleyişini açığa çıkarır. Her şeyden önemlisi, realiteyi egoist bir perspektiften görür ve dolayısıyla etrafımızdaki realitenin detaylarının sadece belli kısmını algılarız.

Her yasa yaratılışın her kademesinde, hem bu dünyada hem de manevi dünyada işler. Fakat biz onun tam işleyişini sadece tüm yaratılışı çevreleyen dünyaların içindeysek görebiliriz. Bunun için çevrelenmek istediğimiz dünyaların nitelikleriyle -vermenin özgecil nitelikleri, üst dünya derecelerinin nitelikleri- uyumlu olmak zorundayız.

Kendi başımıza doğayı değiştiremeyiz. Doğanın nitelikleri asla değişmez ve güçler arasındaki bağda değişiklik olmaz. Fakat doğa, onu arayanın niteliklerine göre farklı algılanabilir. Doğa farklı bir yasayı değil farklı bir yönünü gösterir ve biz sadece beş duyumuzla ne algılarsak ve ne hissedersek onu anlarız. Dolayısıyla hislerimiz sonsuza kadar kişisel ve sübjektiftir.

Herkesin ortak bir doğası olduğundan, ilk anda dünyayı aynı biçimde algılarız. Doğa değişmeden kalır fakat biz kendimizi değiştirdiğimiz zaman, doğanın yasalarının üzerimizde farklı işlediğini hissederiz. Doğanın yasalarının bizde açığa çıkma şeklini değiştirmiş oluruz. Bu sebeple Malachi şöyle der, "Efendimiz değişmez." Kendimizden başka gerçekte hiçbir şeyi değiştirmemize rağmen, etrafımızdakileri değiştiriyor olmak şaşırtıcıdır. İçimizdeki değişim sebebiyle doğa değişiyormuş gibi gelir.

Doğa yer çekimi, kimya ve fizik yasasıdır. Bu yasalar kişisel gelişimimizle değişmez. Değişen yasaların işleyişi değil, onu algılama biçimimiz ve hislerimizdeki değişimi fark etmemizdir. Değişimin dışımızda gerçekleştiğini düşünürüz çünkü kendimizi yaratılışın değişmez noktası olarak görürüz.

Sadece tek bir aşama tam mükemmelliktir, niteliklerimizi değiştirerek, bu aşamaya yaklaşabiliriz ve onu gittikçe daha net hissedebiliriz. Dolayısıyla yaratılış sürecinde yer alan tek süreç niteliklerimizin içsel değişimi sürecidir. Ve bu değişim sürecinde kaderin bize doğru değiştiğini hissederiz.

Dolayısıyla, doğanın yasalarını kendi yararımıza değiştirebilmek için, içsel niteliklerimizi nasıl değiştireceğimizi bilmek zorundayız. Bunu yapmayı öğrendiğimizde, sonuçtan, geleceğimizden emin oluruz. Fakat Kabala ilmi bize değişimin egoizmimizi kullanmayı reddetmeye bağlı olduğunu söyler.

Bilim ilerledikçe, bilim insanları doğa fenomenini etkileyebileceğimizi keşfetmeye başladılar. Bilimsel bir deneyin sonucunun araştırmacının kişisel niteliklerine bağlı olduğunu buldular. Elbette araştırmacının öneminin olmadığı, araştırmacının niyetiyle ilgili olmadan aynı sonuçların alındığı deneyler de söz konusudur. Fakat araştırmacının kişisel nitelikleriyle, araştırılan madde arasında ince bir seviye vardır.

Çok yakında gelişmiş aletlerin bilim insanlarına yetmediğini göreceğiz. Doğayı doğru şekilde etkilemesi "öğretilen" bilim insanlarına ihtiyaç var çünkü doğayı basitçe onun içinde var olarak etkileyebiliriz. Tek soru şudur: Doğru etki nedir? Evrimin gelecek aşamasında bilimin mekanik, elektronik ya da optik cihazlara ihtiyaç olmadan sadece bireyin kendisinin doğayı araştıran bir enstrüman olacağı ve dünyayı doğru şekilde nasıl etkileyeceğini bileceği ve en iyi sonuçları elde edeceği noktaya geleceğiz.

Bilim doğa üzerindeki etkimizle ilgilenirken, Kabala ilmi ondan aldığımız sonuçlarla ilgilidir. Eylemlerimizin ve doğa üzerindeki etkimizin bizi nasıl şu ya da bu sonuca ulaştırdığını öğretir. Diğer bilim dalları gibi Kabala tamamen bilimsel bir dil kullanır.

Bilimsel bir araştırmada etrafımızdaki doğadan yaşamımızı sürdürmemiz için gerekli bilgiyi ve ihtiyacımız olan diğer şeyleri almak isteriz. Yakın gelecekte, icat ettiğimiz tüm cihazlar ve mekanizmalar yerine, tüm bunları edinmek için kişinin bireysel niteliklerini aktive etmek yeterli olacaktır. Bu şekilde

Michael Laitman

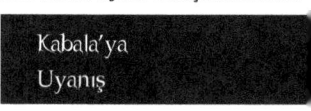

reenkarnasyon sırasında yaşamın dışında ne olduğunu açığa çıkarabiliriz.

NİYET VE DEĞİŞİM

Kabala realiteyi doğru şekilde algılamamız ve yaşadığımız dünyayı etkilememiz için gerekli olan manevi nitelikleri edinmemize yardım eder. Kabala bize tüm realiteyi ifşa eder ve yasalarını açıklar; yaratılış sistemini olumlu yönde nasıl etkileyeceğimizi bize öğretir. Etrafımızdaki şeylere ihsan etme metoduna kavana (niyet) denir.

İnsanoğlu en üst realitenin anlamını idrak etmeden geliştikçe, dünya acı ve belirsizlik aşamasına daha çok batacaktır. Dolayısıyla, şu durumumuzda Kabala bir mecburiyet haline gelmiştir.

Kabala ilmi yasaların ve realitenin kolektif mekanizmasının keşfidir. Dünyamızda yaşayan bir insan için, buna Yaradan'ın yaratılanlara ifşası denir. Bu ifşa bize yararlı olana yaklaşma, zararlı olandan uzaklaşma ve iyinin olduğu kadar kötünün de sebebini bilme becerisi verir.

Kabala çalışmanın amacı ve uygulaması, insanlık için mümkün olan en iyi sonuçları edinmektir. Amaç basittir: hem bedende hem de onun dışında mutluluğu, huzuru, sonsuzluğu ve bütünlüğü edinmek. Herkesin aradığı şey de bu değil mi zaten?

Kabala ilmi aynı zamanda evreninin küçük bir parçası olan yaratılışın kolektif mekanizmasını yönetmeyi de öğretir. Tıpkı bilim insanlarının herkese malum olan bu dünyanın yasalarını ve fenomenlerini çalışması gibi, Kabalistler de beş duyumuzla ve onun yasalarıyla algılanamayan realiteyi araştırırlar.

Bu çalışmaya gerçekten ihtiyacımız var çünkü tüm yaratılış içinde tek aktif varlıklar biziz. Sıradan araçları kullanarak sadece realitenin küçük bir parçasını açığa çıkarırız oysa Kabala ilmi tüm realiteyi çalışma olanağı sağlar.

Kabala yaratılışın kolektif düşüncesini ve onun değişik parçaları arasındaki ilişkiyi açığa çıkarır. Bu dünyadaki insanın evrimini, öldükten sonra ruhlarımıza ne olduğunu ve yeni bedenlere nasıl gireceğimizi öğretir.

Kabala çalışması sonucunda kişi, yaratılış yönetim mekanizmasının nasıl çalıştığını anlar. Bu şekilde hayatın her alanında doğru hareket etmeyi ve kaderi etkilemeyi öğrenir.

Dünyayı daha iyiye götürme çabası için çalışma ve düşünme kendi başına büyük bir ıslahtır (tikkun). Bunun arzusu, kişi Yaradan'ın varlığını hissetmeye isteksiz olsa bile Yaradan'a bir duadır.

İnsanoğlu daima geleceği öğrenmek istemiştir ama kimse onu tahmin edecek doğru metodu bulamamıştır. Aradığımız şey, bizi iyi hissettirecek yolu bulmaktır. Yıllarca büyücülere, sihirbazlara, sözde Kabalistlere başvurduk ama azaplarla dolu tarihimizin acıları için çare bulmada başarılı olamadık. Oysa kendimize yardım edebiliriz! Kendi hayatımızı yönetmeyi öğrenmek zorundayız. Bunun için doğayı etkileyecek yeteneğe ve bilgiye ihtiyacımız var.

İnsanın doğa ve toplumun kanatları altında yirmiyle otuz yıl süren gelişiminin iyi bir sebebi var.

Michael Laitman

> Kabala'ya
> Uyanış

Olgunlaştıktan sonra doğa bizi zorlamaya başlar. Aslında dünyanın yönetimini üstlenmek için manevi bir perde (ihsan etme niyeti) edinmek zorundayız, sonrasında Yaradan hayatımızı ve etrafımızdaki dünyayı perdemizin gücüyle orantılı olarak yönetme gücünü bize bağışlar.

Perdeyi edinmiş kişi kendi kaderini kontrol eder. Böyle bir kişi kendi yaşamının üzerinde olan bir gücü elde eder. Kişi üst derecenin talep ettiği her şeyi yerine getirir. Kendi aklı yerine üst gücün yönlendirmelerini izleme becerisi, bizim için mutlak özgürlüğü ve kontrolü edinme olasılığı sağlar. Üst güçleri elde etme becerisi edinir ve bu şekilde kendi başımıza üst derecelere yükselebiliriz.

Doğal yasayı (Yaradan) anlamak ve düzenlemek bu yolculuğun sonunda mümkün olur. Yaşamlarımızın ortasında bu amaç için çalışsak bile, ölüm ve yeni bir bedenle kılıflanma gibi sonuçları düzeltemeyiz. Sadece kendi perspektifimizden daha yüksek bir noktada, doğanın bize yaptığını düzeltmek mümkündür. Kişi üst derecenin etkisi altına girdiği her an, ondan gelenleri kabul etmeli ve onu düzeltmeye çalışmalıdır. Kendi aklının dışında hareket etme becerisi ve Üst Gücün nedenlerini kabullenmeye "mantık ötesi inanç" denir.

İster akılcı ister mantık ötesi olsun gelişimimize bağlı olarak ışığın (Kabala) yolu ve acının yolu arasında bir seçim yaparız. Sadece Kabalistler aktif olarak üst yönetime müdahale eder, ama yine de kim iyi şeyler yapmak isterse, üst dünyadan pozitif bir cevap alır. Dolayısıyla, eğer tüm ulus yaratılışın kolektif yasasını uygulamayı arzularsa, bunu sevginin yasası olan

Kabala'ya Uyanış

Michael Laitman

"Komşunu kendin gibi sev," cümlesinde bulacaktır. Fakat bunun olması için temel dünyevi doğamıza dayalı hislerimizin ve düşüncelerimizin ötesinde hareket etmek zorundayız.

ARZUNUN DERECELERİ

Görevimiz Yaradan'a ulaşan en yüksek dereceyi edinmektir. Yaradan ve bizim aramızdaki merdiven, 125 derece ya da basamak ya da arzudan oluşur. Her arzu ayrı bir dereceyi oluşturur. Ancak, bizim dünyamızda manevi arzu dereceleri yoktur, bu sebeple 125 derecenin sayımı bu dünyada yapılmaz. 125 derece dünyamızın bir adım üzerinde başlar ve ilk dereceden başlayarak 125 derecenin sonuna kadar devam eder. En yüksek dereceyi tanımlayan şey, ihsan etmek için büyük bir arzu duymaktır.

Manevi dereceler sıralaması ayrıca beş dünyaya bölünür: 1- Adam Kadmon, 2-Atzilut, 3-Beriya, 4-Yetzira, 5-Asiya dünyaları. Her bir dünya beş partzufimden oluşur ve her partzuf beş sefirota ayrılır. Bu şekilde tüm yapı 125 dereceyi(5*5*5) oluşturur. Dünyalar parzufimleri, sefirotlar arzuları, onların gücünü ve manevi derecelerin yükseliş sıralamasını temsil eder.

Birey olarak her birimizin veya kolektifin başına pek çok olay gelir ama bunların tek amacı bizi manevi gelişimimizin bariyerine doğru yöneltmek, onu geçmemizi ve ilerlememizi sağlamaktır.

Her manevi derece düşüncelerimizi, arzularımızı ve tüm manevi varlığımızı belirler. Kişi bir dereceden diğerine ilerlediğinde, içindeki her şey değişir. Her yeni derece bizi kontrol eder ve biz onun mutlak kontrolü altında oluruz. İlk derece tamamlanmadan bir dereceden diğerine geçmek imkânsızdır.

Bu noktada üzerimizde işleyen ışığın amacını incelemek önemli olabilir. Arzunun kendinden ayrı olarak, sadece Yaradan, ışık var. Işık, Yaradan'ın, yaşamın hem bu dünyada hem de manevi dünyadaki hissidir. Işığın kişiyi bir derece yükseğe yükseltme gücü vardır. Dolayısıyla, yapmamız gereken belli eylemler vardır ve onlar vasıtasıyla kendimize ışığı çekeriz.

Özetleyecek olursak, ruh Yaradan'ın yarattığı tek yaratılandır ve O'nun dışında var olur. Yaradan'dan tamamen zıt olan egoist niteliklerle yaratılmıştır. Elde edilmesi gereken sonuç Yaradan'ın doğasını yani tam bir özgecilik edinmektir, birçok yaşam döngüsü boyunca bedenle kılıflanmanın sebebi budur.

Bozuk (egoist) aşamaya "bu dünya", ıslah olmuş (özgecil) aşamaya "Eyn Sof" (sonsuz dünya) dünyası denir. Tüm ruhlar Yaradan'la dvekut (birleşme) aşamasına erişmelidir.

NEDEN ŞİMDİ

İki bin yıl boyunca Kabala çalışması kırk yaşın altındaki kadınlara ve erkeklere yasaktı, elbette bu kısıtlamanın bir sebebi vardı. Aslında Tora dâhil tüm Kabala kitapları, büyük küçük herkesin Kabala ilmini öğrenme ihtiyacında olduğu bu dönem için yazılmıştır. Şimdi yapmamız gereken Kabala kitaplarını açmak ve üst dünyaları nasıl edineceğimizi öğrenmeye

| Kabala'ya Uyanış | Michael Laitman |

başlamaktır. Bu bölümde neden bu kitapları şimdi açmamız gerektiğini ve bunu nasıl yapacağımızı araştıracağız.

Kabalistler, maneviyat kapısının anahtarını, sonsuz yaşam, birlik ve bütünlüğün bilgisini edinmek için bir sıçrama tahtası olan Kabala çalışmasından yararlanmamamızın yarattığı hayal kırıklığını sıklıkla dile getirmişlerdir.

Kabala mutlaka çalışılması gereken anlaşılabilir, net bir bilimdir. Kabala'nın, insanlardan gizli olduğu dönemlerde ona atfedilen sihirli güçlere sahip muskalarla, kutsamalarla ve bu adla yapılan diğer şeylerle hiçbir bağlantısı yoktur. Kabala kitapları sadece manevi bilgiyi alabilmemiz için atmamız gereken adımları açıklar.

Eşsiz Kabala kitaplarıyla ilgili en özel şey, herkes için olması ve onları çalışan insanın ruhu ve ruhunun kökünün kaynağı olan üst dünyalar arasında bağ kurmasıdır. Kitaplar ruhumuzun kökü ve içsel yapımıza bağlı olarak, kendi yolumuzda gelişmemiz için bizi yönlendirir. Bu tıpkı kişinin niteliklerine ve kalbinin arzusuna göre mesleğini seçmesi gibidir.

Gelişim aşamamız, bu kitaplarda yazılanları ne kadar bilmek istediğimize ve üst dünyaları edinme arzumuza bağlı olarak ilerler. Bu çalışma kişinin üst dünyalara yaklaşmayı istemesine ve bu dünyanın maddesel yasaları yerine manevi yasalarla yaşamayı seçmesine olanak verir. Kişi bu şekilde kendini iyiye, pozitif güçlere bağlar.

Her zaman üstten gelecek bir değişime, şansa ya da her şeyin daha iyiye gideceğine inanır ve bu

umuda tutunuruz. Şu bir gerçektir ki, bugün dünyada olanlar üst manevi dünyalardan bize inen güçlerin direkt sonucudur. Bu sebeple manevi dünyalarda nasıl hareket edeceğimizi bildiğimiz sürece iyi güçler bize iner ve cömertliğini sunar.

Üst dünyaların yapısının sistematik ve uygulanabilir çalışmasıyla doğru şekilde hareket etmeyi öğreniriz. Eylemlerimizin sonucunun negatif etkisinden kaçmayı ve pozitif değişimleri teşvik edecek eylemleri yapmayı öğreniriz. Eğer üst dünyalarla bağımızı doğru şekilde organize edersek, kendimize, diğer uluslara ve tüm dünyaya iyilik getiririz.

BİLİM, TEKNOLOJİ VE İNSAN DOĞASI

Bugün insanlığın geldiği aşamaya göz attığımızda, bunu "kriz" olarak adlandırabiliriz. Öyle görünüyor ki yaşamın her alanında -kişisel, aile, ulusal ve uluslararası- görünürde hiçbir çözümün olmadığı durumlarla yüz yüzeyiz.

Uyuşturucu ve alkol bağımlılığı ile beraber depresyon hızla artmakta. Aile birliği, şiddet ve yabancılaşma sebebiyle dağılıyor, boşanma oranları yükseliyor, devlet düzeyinde yozlaşma ve sosyal kutuplaşma artıyor. Savaş ve terör küresel bir sorun, gündelik bir durum haline geldi.

Bu nedenle belirsizlik ve güvensizlik artıyor. Geçmişte liderler kısa dönemli eylemlerle insanlık için uzun vadeli planlar yaparken, bugün varlığımızın devamlılığını sağlayacak net politikalar izlemiyorlar.

Kabala'ya Uyanış

Michael Laitman

Kendi içinde krizler negatif değildir. İnsanlık daha öncede krizler yaşadı ve her seferinde daha gelişmiş aşamalara geçti. Bir alandaki kriz yeni alanların ortaya çıkmasına sebep olur. Oysa bugün durum oldukça farklı; yaşamın her alanında birbiri ardına çöküşler oluyor.

Yaşamlarımızı eskisinden daha fazla rahatlatan ve kolaylaştıran bilimsel ve teknolojik başarılara rağmen, krizler bizi zorluyor. Zaman kısalmış gibi görünüyor ve dünya gerçekten küçük bir köy haline geldi.

Teoride bilim bize huzur ve güvenle yaşayacağımız korunaklı bir dünya sağlamak zorunda. Modernleşmeyi destekleyen pek çok düşünür, endüstrileşmenin ve gelişimin insanlığı bereketli ve güvenli sulara getireceğinden emin.

Eğer insanlık isteseydi çoğunluğun acısı ortadan kaybolur, kimse yaşamak için mücadele etmek zorunda kalmazdı. Dünya barışı sağlanır ve tüm insanlığa bolluk ve bereket gelebilirdi.

Ama ne yazık ki bilgimizi kullanma açısından durum böyle değil. Kadim zamanlardan bu yana düşünürler bilgiyi değersiz insanlardan saklamışlardır. Doğal güçlerin bilgisini insanların kötüye kullanacağından korkmuşlardır. Bilgi kendi içinde zararlı değildir fakat sıklıkla insan doğasının temel önceliği bilgiyi egoist amaçlar için kullanmak olduğundan, kötüye kullanılmıştır. Bu yaklaşım bilgeleri öğrenci kabul ederken çok dikkatli olmaya itmiştir çünkü bu bilginin sahipleri olarak onu iletme sorumluluğunu omuzlarında taşımışlardır.

Zamanla bu bilginin sahipleri bilgiyi kötüye kullanmaya ve ün ve güç gibi maddesel arzular için ilmi satmaya başladı. Maddeselliğin artan cazibesi, Yaradan'a yaklaşmaya çabalayan kadim bilgeleri geçimlerini sağlamak adına kışkırttı. Egoları büyüdükçe hem maddesel hem de öğrenme hazzına kapıldılar. Bilgelerin bu düşüşü bilginin sadece para, güç ve hükmetme arzularını doyurmayı arzulayan insanlar arasında yayılmasına sebep oldu.

Bu süreç tarih boyunca devam etse de, Rönesans ve endüstriyel devrim egoizmin büyük ölçüde büyüdüğü bir dönüm noktasını işaret eder. O zamandan beri resim büyük ölçüde daha da kötüleşti. Bugün savaş endüstrisi dünyanın ileri gelen endüstrisi haline geldi ve ateşli silahlar kitle imha aletleri oldu.

Bilim ve teknolojinin gelişimiyle beraber, insanlık da içsel olarak büyümüştür. Farkında olmasak da, doğa etrafımızdaki her şeyi kişisel çıkarımız için kullanmaya doğru bizi itmektedir. Aslında bilimin ve teknolojinin başarılarını yanlış kullanmamıza sebep olan şey, başkalarını dikkate almadan büyüyen bencil arzularımızdır.

Bilgi ve bunu kullanan insanların ahlaki değerleri arasında kopma vardır. Daha fazla bilgiye sahip olmayı istedikçe ve karşılığında daha fazla güç elde ettikçe, egonun doğal gelişimi ahlak çöküşüne sebep olmaktadır. Yukarıdakilerin ışığı altında şunu söyleyebiliriz ki, bilgiyi diğer insanlardan saklamak için kadim bilgelerin düşüşü kaçınılmaz olmuştur; bu koşullar ve sınırlamalar bizim iyiliğimiz için gönderilmiştir.

Kabala'ya Uyanış — Michael Laitman

Dolayısıyla görüyoruz ki, insan doğası ve onun mirası egoizm, bilimsel gelişim ve bireysel, kolektif mutluluk arasındaki kutuplaşmanın sebebidir. Egonun güçlenmesi bireysel ve küresel krizin artmasının sebebidir. Bu nedenle bilgi ve gelişim insanlığa yardım edemez sadece kötülüklerin (egonun devasa boyutlarda büyümesi ve kitle imha silahlarının erişilebilirliği) artmasına sebep olur.

Gelişimin negatif yönünü idrak ettikten sonra ileriki bilimsel gelişmelerin insanlığa iyilik sağlamayacağını söyleyebiliriz. Onun yerine tüm enerjimizi insan doğasını iyileştirecek bir yol bulmaya harcamalıyız. Bu alandaki bir ilerleme insanlığın tek umududur.

RUHLARIN DÜZENİ

Son altı bin yıldır ruhlar yeryüzüne iniyor, hiçbirimiz yeni bir ruh değiliz; hepimiz önceki yaşamlarımızdan gelen deneyimlerle buradayız.

Ruhlar özel bir döngüsel düzenle yeryüzüne iner. Ruhlar sonsuz sayıda değildir; ıslah yolunda ilerleyerek, tekrar tekrar dünyaya gelirler. Aynı ruhlar birbirine benzeyen bir dizi fiziksel bedenle kılıflanır ama ruhların nitelikleri birbirinden farklıdır. Bu günümüzde "reenkarnasyon" olarak adlandırılır oysa Kabalistler buna "nesillerin gelişimi" der.

Ruh ve bedenin bağı ve birleşmesi ruhun ıslahına yardım eder. İnsan beden olarak değil ruh olarak değerlendirilir. Tıpkı şimdilerde organların değiştiriliyor olması gibi beden de değiştirilebilir. Beden sadece ruhu kılıflayıp, onun çalışmasına hizmet ettiği sürece faydalıdır. Her nesil fiziksel olarak bir önceki nesle benzer fakat birbirlerinden farklıdır çünkü yeryüzüne inen ruhlar önceki yaşamdan biriktirdiği tecrübelere sahiptir. Manevi dünyada elde ettikleri yenilenmiş güçle dünyaya gelirler.

Ancak her nesil farklı arzulara ve amaçlara sahiptir. Bu da her neslin kendine özgü gelişimine sebep olur. Bir nesil gerçek realiteyi ya da Tanrı'yı bilme arzusuna erişmemiş olsa bile, acıya tahammül ederek yeryüzündeki görevini tamamlar. Asıl realiteye doğru gelişim göstermenin yolu budur.

Tüm ruhlar ilk insan Adam HaRişon'dan türemiştir. Burada Kutsal Kitaptaki Adem kişiliğinden bahsetmiyoruz. Bu manevi, içsel realiteyle ilgili bir kavramdır. İlk insanın ruhunun parçaları dünyaya iner, bedenle kılıflanarak ruhla bedenin bağlanmasına sebep olur. Realite, ruhların yeryüzüne inip kendini ıslah etmesine yöneliktir. Bedensel forma girdiklerinde seviyelerini, başladıkları seviyeden 620 defa daha yükseğe çıkartırlar. Bedenlenen ruhların düzeni hafiften ağıra doğrudur.

İlk insanın ruhu, sahip olduğu egoizm miktarına göre bazıları hafif bazıları ağır birçok parçadan ve arzudan oluşur. Dünyamıza önce hafifler sonra ağırlar gelir. Buna göre onların ıslah (tikkun) gereksinimleri farklılık gösterir.

Dünyaya düşüşlerinde çektikleri acılardan edindikleri deneyimleri de beraberlerinde getirirler. Bu deneyimler ruhu geliştirdiği için, buna acının yolu denir. Ruh dünyaya geldiği her seferde, var olma ait olduğu kök ve hayatın anlamı hakkındaki sorulara cevap bulmak için bilinçaltında gittikçe artan bir dürtü duyar.

Buna göre daha az gelişmiş ve daha fazla gelişmiş ruhlar vardır. Gelişmiş ruhlar öyle büyük gerçeği öğrenme dürtüsüne sahiptir ki, kendilerini bu dünyayla sınırlayamazlar. Eğer onlara doğru yöntemler, kitaplar ve araçlar verilirse, manevi dünyayı edinebilirler. Kabala yeryüzüne inen ruhları rafine ya da az rafine olarak tanımlar. Bu, ruhların ne kadar ıslaha gereksinim duyduğuyla ilgili bir ölçümdür. Büyük ıslah gerektiren ruhlar az rafine olarak tanımlanır.

Ruhlar dünyaya indikçe, o nesil için özel rehber gereksinimi olur. Bu sebeple her nesilde bizi manevi gelişime yönlendiren insanlar vardır. Kitaplar yazar ve realiteyi keşfetmeleri için en uygun olan metodu insanlara iletecek çalışma grupları oluştururlar. Ari'nin ruhu görünmeden önce dünyada sabır ve deneyim biriktirme çağı vardı. Var olan ruhlar ıslaha doğru gelişim için uygundu. Yaşadıkları acılar ıslah olma gereksinimlerini arttırmıştı. Acıyı geride bırakma arzusu nesillerin gelişiminin arkasındaki en motive edici güçtür.

Bu çağ Ari'nin ortaya çıktığı 16. Yüzyıla kadar devam etti. Kendi neslinden bugüne kadar kadın, erkek, çocuk dünyanın tüm uluslarının Kabala ilmiyle meşgul olması gerektiğini, yazdı. Dünyaya inen ruhların, Ari'nin geliştirdiği özel metotla ıslahlarını tamamlama ve gerçek realiteyi öğrenme zamanı artık gelmiştir. Şimdi onlardan istenileni başarmalıdırlar.

Fiziksel bedenin içinde var olduğunda ruhların tek bir arzusu vardır; inmeden önceki köklerine geri dönmek. Fiziksel beden, alma arzusu vasıtasıyla ruhları bu dünyaya geri çeker oysa insanlar bilinçli olarak maneviyata yükselmek ister. Bu ikiliğin yarattığı karmaşa için harcanan büyük çaba, önceki seviyemizden 620 defa daha yükseğe çıkmamıza sebep olur. Eğer ruh bir yaşamda görevini yerine getiremezse, gelecek sefer ıslah için daha büyük bir arzuyla dünyaya gelir.

Bazen, arzularımızı reddetmek zorunda olduğumuza inanır ve gelecek reenkarnasyonumuzda daha başarılı olmaya dair bir özlem duyarız. Bir parça ekmekten başka bir şey istemememiz gerektiğini düşünür ve bir kedi gibi güneşte kıvrılır yatmak isteriz. Ancak, bunun tersi doğrudur. Gelecek turda daha acımasız, istekli, sert ve saldırgan olacağız.

Yaradan bizim manevi hazla dolmamızı ister. Bu ancak büyük bir arzuyla olur. Sadece ıslah olmuş bir arzuyla gerçek anlamda manevi dünyaya ulaşır, güçlü ve aktif oluruz. Eğer arzumuz küçükse zararsızdır ama bize yarar sağlamaz. Arzu ancak işlevi dışında kullanılırsa ıslah olmuş olarak kabul edilir. Islah otomatik olarak gerçekleşmez fakat Kabala'yı doğru şekilde çalışarak elde edilir.

Kabala'ya
Uyanış

Michael Laitman

ARZULAR PİRAMİDİ

Alma arzusuna göre sıralanmış ruhlar piramidi vardır. Piramidin tabanında küçük dünyasal arzulara sahip, hayvanlar gibi rahat bir yaşam peşinde koşan birçok ruh vardır. Odaklandıkları şey yiyecek, seks ve uykudur. Sonraki katmanda daha az ruh vardır ve bunlar zengin olma dürtüsüyle doludur. Bu insanlar tüm yaşamlarını para kazanmak ve zengin olmak için harcayan insanlardır. Sonraki sırada başkalarını kontrol etmek, hükmetmek ve güç kazanmak için her şeyi yapacak insanlar gelir. Daha az ruh tarafından hissedilen arzu, bilgidir; bu insanlar kendilerini özel bir şeyi keşfetmeye adamış bilim insanları ve akademisyenlerdir. Bu insanlar, kendi ilgi alanlarından başka hiçbir şeyle ilgilenmezler. Piramidin en tepesinde yer alanlar ise en güçlü arzuları olanlardır, onlar manevi dünyayı edinmeyi arzulayan az sayıda ruhtur.

Hepimiz içimizde en tepedeki gerçeği öğrenme arzusunun bizi zorlaması için baş aşağı etmemiz gereken, arzular piramidine sahibiz. Tüm dünyasal, egoist arzularımızı göz ardı edip reddetmeli ve bütün enerjimizi ve çabamızı manevi arzunun artması için harcamalıyız. Bu ancak uygun şekilde çalışarak başarılabilir.

İnsanlar manevi arzularını gerçekten arttırmayı isterlerse, o zaman etraflarındaki ışık, gizli olan manevi dünya onları daha çok ister hale getirerek, geri yansımaya başlar. Bu aşamada bir Kabalist rehberliğinde grup çalışması önemlidir. Bugün ruhlarda gerçekleşen en önemli değişim, onların maneviyatı edinme arzularının olmasıdır. Sıradan insanlar bile dünyanın ötesindeki manevi şeyleri aramaktadır.

"Maneviyat" kelimesi kendi içinde türlü çeşitte sihir, ezoterik öğreti ve vaatleri içerse de, yine de, farklı bir realitenin aranmasıyla ilgilidir. Eğer nesiller kendi içlerinde güçlü bir manevi arzu oluşturursa, ruhlarına uygun yeni bir metot ortaya çıkar. Son on beş yıldır, yeni ruhların inişinde hızlı ve aktif bir gelişim söz konusu. Bu ruhların arzuları daha önceki neslin arzularından daha güçlü ve saf. Onlar tam gerçeği öğrenmekten başka bir şey istemiyor.

Realitenin üzerimizde nasıl işlediğini ve ondan nasıl etkilendiğimizi anlamak için yasaklanmış olanı yapmayı durdurmalı; doğru olan şeyde ısrar etmeli ve onu yerine getirmeliyiz. Ancak bundan sonra gerçek dünya ile kendimiz arasındaki ahengi keşfederiz.

Bilinçsizce hata yapıp, zamanla hata yaptığımızı anlayacağız. Öyle görünüyor ki bundan kaçış yok. İnsanlık her geçen gün kendini çaresizliğe gömülmüş olarak karanlık bir yolda buluyor. Parçası olduğumuz manevi dünyayı tanımak için başka alternatifimiz olmadığını anlamak durumundayız. Bu idrak bizi sadece bireyler olarak değil, tek bir kolektif beden olarak hareket etmeye bilinçli olarak başlayacağımız yeni bir varlık aşamasına getirecek.

Tüm insanlar bir ruhtan ötekine birbirine bağlıdır. Hepimiz kolektif bir sorumluluğu paylaşıyoruz. Bu sebeple Kabalistler "dünyanın kurucuları" olarak adlandırılırlar. Onlar tüm dünyayı, dünya da onları etkiler.

ALMA ARZUSUNUN ÇARESİ

Mutluluğumuz ya da mutsuzluğumuz arzularımızın tatmini üzerine kuruludur. Arzunun tatmini haz olarak tanımlanır ve farklı formlara bürünür. Arzularımızı doyurmak çaba ister. Bununla ilgili Kabalist Yehuda Aşlag şunu söylemiştir: "Kişinin motivasyon olmadan yani kendine bir şekilde yarar sağlamadan en küçük bir hareketi bile yapmayacağı, araştırmacılar tarafından iyi bilinir. Örneğin, kişinin elini sandalyeden kaldırıp masaya koymasının sebebi elini masaya koymanın ona haz getireceğini düşünmesidir. Eğer böyle düşünmemiş olsaydı hayatının sonuna kadar elini sandalyede tutardı."

Hazzın yoğunluğu arzunun yoğunluğuna bağlıdır ama doyum arttıkça buna bağlı olarak arzu ve bunun sonucunda da haz azalır. Hazzı incelediğimizde doyum başladığı anda onun ortadan kalktığını görürüz. Maksimum haz, arzuyla onun doyumu arasındaki ilk buluşmada deneyimlenir. Örneğin açlık ne kadar büyükse onun tatmin edilmesiyle o kadar büyük haz alınır. Oysa açlık hissetmiyorken bize verilen yiyecekten haz almaz hatta onu reddederiz.

Dolayısıyla bir şeyden haz almak o şeye olan arzuya bağlıdır; arzulanan şeyin kendisinde haz yoktur. Doyum ve haz hissiyatı silindiğinde, yeni arzular peşinde koşarız.

İnsanlık tatmin olmamış alma arzusu sorunuyla normalde iki şekilde başa çıkar: ilki alışkanlıklar edinmek, ikincisi alma arzusunu zayıflatmaktır. İlk yol iyileştirme yoluyla arzuları "evcilleştirmeye"

dayanır. Kişi önce her eylemin belli bir ödülü olduğunu öğrenir. İstenilen görevi yerine getirdikten sonra, öğretmenlerinin ve çevresinin takdiriyle ödüllendirilir. Aşamalı olarak ödüller geri çekilir ama kişi yaptığı eylemi değerli olarak görmeye devam eder. Eylemin kendisi, "alışkanlıklar ikinci doğamız olur" prensibi gereğince hazzı getirir. Eylemin icrası iyileştikçe kendimizi tatmin olmuş hissederiz. İkinci yol çoğunlukla Doğu öğretilerince kullanılır ve istememek, isteyip de sahip olamamaktan daha kolay olduğundan, alma arzusunun azaltılması prensibine dayanır.

İlk bakışta, bir sonraki hazzın peşinden koşana kadar günlük rutinimize devam ettiğimiz sürece bu iki metodu efektif bir şekilde kullanmayı en iyisini umut ederek öğrenmiş gibi gözükürüz. Arzulanan şeyi elde edememek, doyumsuzluk ya da acı hissi verse de, pek çok durumda doyum kovalamacası, gerçek doyumun yerine geçici olarak yerleşir. Sürekli olarak arzularımız ve hedeflerimiz yenilendiğinden, kendimizi canlanmış hisseder ve doyum elde etmeyi umut ederiz.

Dahası alma arzusu büyüdükçe, bu yedeklemeler daha az uygulanabilir olur. Büyüyen egoizm, ne dini ya da ahlaki sistemlere boyun eğmemizi sağlar ne de onu susturmamıza izin verir.

Alma arzusunun beşinci derecesi -maneviyat arzusu- hayal kırıklığı ile başlar ve kendimizi hoşnut etme beceriksizliğimizden kaynaklanır. Bazen kendimizi boş ve arzularımızı doyurmayı başaramamış olarak hissederiz fakat bundan daha fazla olarak diğer insanların da bu şeklinde yaşadığını bilmenin rahatlığını duyarız. Kendimizi mutlu edemiyor olduğumuz bu nokta, alma arzusunun evriminin beşinci evresinin başlangıcıdır.

Doyumu kovalamacanın ve rahatlamanın bir yolu da uyuşturucu ve alkol kullanımıdır. Bu maddeler çoğunlukla kasvetli realiteden uzaklaşma aracıdır fakat onlara bağımlılık kendi içinde ciddi bir sorun haline gelir. Ekstrem boyuttaki hayal kırıklıkları intihar vakalarının artmasına sebebiyet verir. Aslında depresyon ve uyuşturucular dünyanın önemli sorunlarından biridir ve modern tıp depresyon gibi hastalıkların köküne inmede çaresiz kalmıştır.

Bununla birlikte depresyon, alma arzusunun gelişmeye başlayan derecesinin bir başka tanımıdır. Bu yeni arzu, doyumun ne olduğu ve onun nasıl elde edileceği belirsiz olsa da, doyum talep eder. Boşluk hissinin sebep olduğu hüsran, insanlığı doyum aramaya zorlar ve bu da uluslararası krizin ve terörün temelidir.

Bizler, alma arzusunun beşinci derecesinin aşamalarından birinin eşiğinde duruyoruz. Bugüne kadar bununla daha önce bahsettiğimiz iki yolla ya da alkol ve uyuşturucuya sığınarak başa çıkmaya çalıştık.

Şu anki durumumuz en iyi noktada olmasa da aşina olduğumuz seks, para, ün, bilgi hazlarından birini elde ettiğimizde, huzuru bulacağımızı inanma eğilimindeyiz. Dahası izleyeceğimiz bir idol ve rol model yok. Bu dünyadaki varlığımızdan tamamen hayal kırıklığına uğradık ve huzur bulma umudunu kaybettik. Tamamen farklı koşullarda tekrar dünyaya gelsek bile huzuru bulamayacağımızı öğrendik.

Michael Laitman

> Kabala'ya
> Uyanış

Ruhlarımız için çare bulmaya, acıların sebebini ve hayatın anlamını anlamaya çalışırken, bu dünyanın ötesine, manevi arzuyu doyuramayan hazları sunan realitenin sınırlarının ötesine itildik. Aslında karşı karşıya kaldığımız soru özümüzle, kökümüzle ilgili, hayatımızda bize rehberlik eden bir el varsa bu el kimin eli ve bizden ne istiyor, bunu bilmek istiyoruz. Sadece Kabala ilmi vasıtasıyla bu sorulara cevap bulabiliriz.

KABALA KİTAPLARININ GÜCÜ

Kabala kitapları, kitapçılardan satın aldığımız ya da üniversitelerde çalıştığımız sıradan kitaplara benzemez. Kabala kitapları benzersizdir çünkü onları okuyanı geliştirir, yeni şeyler hissetmesine sebep olur ve altıncı hissi geliştirmeye yardım eder. Altıncı hisle beraber kişi maneviyatı hissetmeye, dünyanın ötesinde olanı görmeye başlar. Onunla kişi dünyanın nesneleri arkasındaki güçleri hisseder.

Dış kabuğun ötesine geçtiğimiz an, realiteyi kontrol eden güçleri hissetmeye başlarız. Sonra bu güçlerle bağ kurmaya başlayabilir, onları etkileyebilir, neyi yanlış, neyi doğru yaptığımızı tam olarak görmeye başlarız. Elimizdeki bu anlayışla tüm realiteyi saran yüce ve eşsiz güçle kendimizi eşleştirecek davranışları keşfederiz. Bu şekilde hepimiz için iyi olan bir dünyada bilinçli olarak yaşayabiliriz.

Kabala'nın başkaları pahasına hayatımızı nasıl geliştireceğimizi öğrettiğini söylemiyorum. Tersine üst dünyayla temas bize başkalarını incitmekten nasıl kaçınacağımızı, gerçek verme arzusunu edinmenin yolunu öğretir. Üst dünyaların yasaları realitede var olan ve insanlığı İnsan seviyesine yükselten yasalardır. Onlarla bir bağımız yok, bu sebeple onları bozuyor, kendimize ve başkalarına zarar veriyoruz.

Yaradan bizim O'nun ortağı olmamızı istiyor. Tüm Kutsal kitaplarda yazdığı gibi bizi Çocukları gibi görüyor. Bizim "ıslahın sonu" ve Mesih'in gelişi" olarak adlandırdığımız şey, insanlığın birlik içinde olacağı dereceye yükseliştir. İnsanlar bireysel farkındalıklarına, maneviyat taleplerine göre Yaradan'la birleşir. Sonra küresel maneviyatın bir parçası olmaya başlarlar. Sadece bu şekilde kişi yaşamdaki acılardan kurtulabilir çünkü tüm sorunlar bizi onların sebebini bulmaya zorlamak amacıyla gelir ve kişi bu sebebin onu manevi dünyalardan ayıran şey olduğunu anlar.

Bu seviyede bir farkındalık edinmek için size kitaplarımızı ve internet sitemizdeki makaleleri okumanızı, üst güce olan sorumluluğumuzun doğasını çalışmanızı tavsiye ederim (www.kabala.info.tr). En önemlisi de meydana gelen tüm olayların arkasında bizi doğru yola getirmek için uyandırmaya çalışan yüce gücü düşünmeye ve hayal etmeye başlamalıyız. O bizi realiteye döndürür. Kabala ilmi sadece bilgi değil, gerçeğin ilmi, bir bilim, üst dünyayı çalışma ve onu pratikte kullanma yoludur.

Ne yazık ki çoğu insan tüm dünyanın düşünce ve irade gücünü birleştirerek beraberce realitemizi değiştirebileceğimizin farkında değil. Eğer hepimiz halk olarak üstten gelen güçle farklı şekilde ilişki kursaydık, realiteyi etkilemek ve değiştirmek için en iyi yolu bulmuş olurduk. Ruhlarımız doğru şekilde kullanıldığında, ani değişikliklere yol açacak olan düşünce ve arzu gücüne sahibiz. Düşüncelerimizin kolektif gücü maddesellik yerine maneviyata önem verecek şekilde değişseydi tüm realiteyi değiştirebilirdik. Bize verilenlere karşılık bu değişim yalnızca bu amaca nasıl bağlanacağımıza bağlıdır.

Bu dünyadaki en büyük güçler düşünce ve irade olmasına rağmen onların gücünü bilmiyoruz. Eğer dikkatimizi Yaradan'ın rehberliği dediğimiz maneviyata ve üst dünyalara odaklayacak olursak, bize olan her şeyi O'nun gördüğünü anlarız. O zaman farklı davranmaya, bu şeyleri nasıl değiştireceğimizi öğrenmeye başlar ve yönetimi kendi ellerimize alırız.

Durumu nasıl değiştireceğimizi şimdi bilmemize gerek yok. Fakat bize ne olduğunu, realitemizi kimin ve neden idare ettiğini anlamak ve bilinmeyen bir hedefe doğru yukarıdan yönlendirildiğimiz hissini anlama çabası ve arzusu kendi başına durumumuzu etkili bir şekilde değiştirmeye yeterlidir.

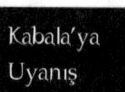

Michael Laitman

GÜNLÜK REALİTE OLARAK KABALA

Zohar Kitabı'na Giriş kitabının sonunda Baal HaSulam şöyle yazar: "Eğer maneviyatı maddeselliğe, manevi yasaları maddesel yasalara tercih edip, dünyasal olanın yerine manevi bir yönetim seçersek, yaşamımızı tıpkı manevi dünyada olduğu gibi doğru organize edebiliriz ve sonra içsel değerlerimiz bize verilen değerlerle çarpışır ve acı yerine huzur ve haz hissederiz."

Yaşamda trajik olaylarla karşılaşınca onu değiştirmek için elimizden geleni yaparız. Olaylar önceki düşüncelerin kaçınılmaz sonuçları olarak gerçekleşir ve bu nedenle yukarıdan size inmiş olan şeye karşı hareket etmenizin bir yolu yoktur. Yapabileceğiniz tek şey, bedensel zarardan olabildiğince kaçmaktır. Eğer gelecek trajedilerden kaçınmak için realitenizi gerçekten etkilemeyi istiyorsanız, kökünüze, özünüze ve düşmanınızın kökünün olduğu yere yükselmeli ve her şeyi orada çözümlemeye başlamalısınız. Bunun ani sonuçları dünyanızın değişimi olacaktır çünkü dünyada üst dünyaların sonucu olmayan hiçbir şey yoktur.

Pek çok insan evinde Zohar'ın kopyaları ve Kutsal kitaptan yazılar vardır. İnsanlar onda güç olduğunu düşünür fakat aslında bugün onlar bize yardım edemez. Tüm bunların üzerine çıkmamız gereken bir zamana ulaştık, onların ötesine geçmeli ve bu tip yazılara sahip olarak her şeyin iyi olacağını düşünmek yerine, gücün kendisinin üzerimizde işleyişini öğrenmek zorundayız. Üst güce odaklanmalı ve bunu uygulamaya başlamalıyız.

Michael Laitman

KABALA ÇALIŞMAK

Zohar çalışmaya başlamadan önce, giriş niteliğindeki bazı kitapları çalışmalıyız. Zohar'ı nasıl açacağımızı ve onda neyi bulacağımızı anlamamız için okumamız ve öğrenmemiz gereken çok şey var.

Zohar hali hazırda manevi dünyada olan insanlar için yazılmıştır. Bu insanlar için bu kitap, tam olarak neyin değiştirilmesi gerektiğini gösteren ve dünyamızdaki olayların ıslahı ve değişimini sağlayacak manevi gücü anlatan bir kılavuzdur.

Ancak, Zohar'ın içindeki bilinmeyen isimler ve terimler yeni okuyucuların kafasını karıştırabilir ve onları uzaklaştırabilir. Bu kelimeler yaşamla ilgili olmasına rağmen, siz bu bağı görmezsiniz çünkü tüm bu dünyaların içinde olduğunuzu hissetmezsiniz. Eğer bu ilmi çalışmaya başlarsanız onları hissetmeye ve görmeye başlarsınız. Bugün her insan üst manevi dünyaları hissetmeyi ve görmeyi hak eder.

Üst dünyaları çalışarak, onlara bağlanır ve tüm realiteyi beden olmadan ruhumuzla yaşamanın nasıl mümkün olduğunu bir şekilde deneyimlemeye başlarsınız. Ruhların bu dünyaya nasıl indiğini ve bedenle kılıflandığını, geleceğinizin nasıl önceden belirlendiğini, geçmişin ne olduğunu ve var olan şeylerin sebebini öğrenirsiniz. Bu şekilde tüm sebepleri ve sonuçları bilebilirsiniz ve tüm bunları geleceğinizle ilişkilendirip onu ıslah edebilirsiniz.

Üst dünyayı bilmeden bu aşamaya gelmek mümkün değildir. Yaradan tüm dünyalarda yaşamamızı ister ve O bizi üst dünyaları çalışmaya başlamamız için zorlar.

Bu durumların gittikçe kolaylaşmayacağını aksine zorlanacağını dikkate almak zorundayız.

MANEVİ BİR GÖREV

Yaradan'ı ne kadar düşünürse düşünsün kimse realiteyi değiştiremez. Eğer kişinin ruhu tüm döngüler boyunca olgunlaşıp maneviyatı bilme noktasına erişirse, kaçınılmaz olarak kişi manevi ıslah sürecine girer ve manevi güçleri çalışmayı öğrenir. Dünyada nerede olduğumuz önemli değildir, nereye gidersek gidelim bizi bekleyen felaketler ve afetler olacaktır, çünkü dünyanın merkezindeyiz ve bundan kaçış yoktur.

Eğer şimdi uyanmazsak sorunlarımızın daha da artacağını söyleyebilirim. Meseleyi ne kadar ihmal edersek, güç bizi yola geri getirmek için o kadar zorlayacaktır. Fizikte olduğu gibi: bir şeyi ileri attığımızda yoldan ne kadar çıkarsa, sapma o kadar çok olur ve onu doğru yola geri getirmeniz o kadar zorlaşır. Eğer yolumuzu değiştirmezsek, bu düzen bizim için de geçerlidir. Bize ne olduğunu dinlemeye başlamaktan başka bir seçeneğimiz yok.

Hiçbir şeyin iyi bir sebep olmadan gerçekleşmediğini anlamamız önemlidir ve davranışlarımız üst dünyalardan bize inenleri etkiler. Hayatın zorluklarından kaçmak için küçük çocuklar gibi davranamayız. Olgun insanlığın bir parçası olmalıyız: ne yaptığını bilen ve eylemlerinin sorumluluğunu üstlenen bir insan. Davranış biçimindeki bu değişim, yaşadığımız her durumun bir sebebi olduğunu daima akılda tutarak başlamalıdır. Bu idrak bilincimizde büyük bir dönüşüm yaratır ve sonra bu dünyada bize olan her şeyin arkasındaki sebepleri aramaya başlarız.

Bu farkındalık bizim neslimizde herkes için kaçınılmazdır, ancak hazır olmayan ruhlar seçtikleri yerde neler olduğundan habersiz yaşayabilirler. Hazır olanlar ise üst gücü kullanmaya başlayana kadar birçok engelle karşılaşır ve sonunda ıslahı gerçekleştirebilirler. Bu sorunlar doğru yola girmeye başlayana kadar onları rahat bırakmaz. Her şey ruhumuzda işleyen üst güçten gelir ve ruhu kendi gelişim temposuna göre iter, bu nedenle üst dünyayı bilme vakti gelenler bundan kaçamaz.

Daha önce söylediğimiz gibi dünya bir piramit gibi inşa edilmiştir. Ruhlar yavaşça gelişir. Zohar'ın bahsettiği şeyi aramak için herkesin acele etmesini beklemiyorum fakat bunun onlara ait olduğunu hissedenlerin, omuzlarında bu görev vardır. "Hayatımın anlamı ne?" sorusunu soran insanlar, manevi dünyayı bilmeye hazırdır. Bu soru üstten gelir ve bunun tek bir cevabı vardır: başlangıç olarak bu soruyu sana uyandıran gücü tanı, O'nunla birleş, O'na yaklaş ve O'nun yanında çalış.

DOĞRU ŞEKİLDE ÇALIŞMAK

Eğer kişi bir Kabala kitabını doğru şekilde çalışmaya başlarsa yani yönergeleri izleyip bazı hazırlıklardan geçerse, ona belli bir "anahtar" verilir, sonra tüm dünyada işleyen güçlerle nasıl iletişim kuracağını ve onlarla ne yapacağını öğrenir.

Kabala'ya Uyanış

Michael Laitman

Örneğin bir Kabala dua kitabında şöyle yazar: "Partzuf Leah'dan ışığı çek, onu Partzuf Zer Anpin'in NHY Sefirotlarından geçir, sonra aşağıya Rahel'e gel ve onları birbiriyle eşleştir." Bir Kabala kitabı realitenin kontrolü söz konusu olduğunda, bazı şeyleri nasıl değiştireceğinizle ve arzulanan değişimi gerçekleştirmek için yukarıda neyi değiştirmeniz gerektiğiyle ilgili kesin talimatlar içeren bir kılavuzdur. Fakat yeterli hazırlık olmadan bunların hiçbir anlamı olmaz ve okuyucuyu ileri bir anlayışa getirmez.

Önceki tüm nesillerde Yaradan birkaç ruhu işlerini yapmaları için yükseltti fakat bizim neslimizde herkes bu görevi kendi olgunluğuna göre yapmalıdır. Herkes Kabala kitaplarını açmalı ve realiteyi nasıl değiştireceğini öğrenmek için yönergeleri çalışmaya başlamalıdır. Üst dünyalarda gerekli değişimleri yapmak için, kitaplarda tarif edilenlerin kalitesine ve seviyesine ulaşmalıyız. Tüm insanlık bu kontrol odasına girecektir ve herkes sadece kendisi için ayrılan yere ulaşacaktır.

Daha önce bahsettiğimiz dua, realiteyle ilgili düşüncelerin ve arzuların nasıl kullanılması gerektiğini tarif eder. Realiteyi etkileyecek tek yol, düşünce gücü ve insanın iradesidir. Kabalistler dua kitaplarını, arzularımızla nasıl çalışacağımızı göstermek için kılavuz niteliğinde hazırlamışlardır. Tek yapmamız gereken onları nasıl okuyacağımızı ve ne yapacağımızı öğrenmektir, bizden istenilen şey budur.

Yaradan bizden realiteyi kendi başımıza, görünürde "O" olmadan idare etmemizi ister. Kitapları çalışarak orada yazılanları uygular durumuna erişebiliriz.

O'nun derecesini edinir ve O'nunla her açıdan ortak olup, bizim için tarif edilmesi zor şeyleri elde ederiz: bütünlük, maneviyat, haz, huzur ve ölümün ve yaşamın ötesindeki sonsuzluk hissi.

Ben burada sadece yapmamız gereken şeylerden bahsediyorum. Bu dünyanın ötesinde var olan hayal edilemez hazları ve arzuladığımız her şeyi size verecek olan muhteşem edinimleri anlatmıyorum.

Kişinin çalışma yapabilmesi için iki yol var. İlki hızlı ve acısız: buna "Kabala yolu" denir. İkincisi halen daha yaşadığımız acı ve ızdırap yoludur ve "acının yolu" denir. Şimdi acıya doğru ilerliyoruz, büyük acılar getirecek felaketlerden kaçmak için bu kitaplara dönmeli onları nasıl çalışacağımızı öğrenmeye başlamalıyız.

Üst güç yıllar boyunca üzerimizde yavaşça çalışır fakat zaman geçtikçe ve biz yeterli gelişim göstermedikçe, bu güç yoğunlaşarak direkt olmak yerine çarpık bir şekilde hareket etmeye başlar. Geçmişte bu süreci görebiliriz. Son yüz yıldır insanlığın geçirdiği dönemi, iki bin boyunca geçirdikleriyle kıyaslayın. Şimdi bu tempo daha da hızlandı, geçmiş birkaç yılın denkliğini biz bir yılda deneyimliyoruz. Her yıl tempo daha da artıyor ve daha yoğunlaşıyor. Acele etmeli ve görevimizi yerine getirip zaten bizi o noktaya getirecek olan korkunç darbelerin gelmesini beklememeliyiz.

Bir realite var. Daha iyiye ya da kötüye doğru onu yöneltmek bize kalmış. Kabalistler durumu kendi başlarına düzeltemez. Beraber çalışarak değişime yardım edecek bir grup insana ihtiyaç duyarlar.

Kabala'ya Uyanış — Michael Laitman

ŞİMDİLERDE KABALA

Kabalistlerin insanlardan gizlendiği zamanlarda, ilim yayılıyor ama amacıyla ilgili olarak yanlış varsayımların artmasına sebep oluyordu. Bugün bile Kabala ile ilgili mevcut kavramlar temelden yanlıştır. Kabala ne bu dünyadaki insan varlığıyla ne de mistik ya da esrik deneyimlerle ilgilidir.

Kabala ilminin temel amacı, kişinin yaşam amacını fark etmesine sebep olan manevi arzunun idrakidir. Sadece bu arzu yüzeye çıktığında kişi Kabala çalışma ihtiyacı duyar, ondan öncesinde değil.

Önceki nesillerde manevi arzunun henüz olgunlaşmadığı dönemlerde Kabalistler, olgunlaşmamış bu arzuları filtrelemeyi amaçlayarak, Kabala çalışmasına sınırlamalar koydu. Bu arzuları içlerinde olgunlaşan çok az kişi tüm sınırlamalara karşın metottan ayrılmadı. Şimdilerde insanlık alma arzusunun son derecesini -maneviyat arzusu- deneyimliyor, bu yüzden Kabala'nın gizlenmesi artık gerekli değildir. Çalışma yasağı ve filtreleme kaldırılmış, çalışma tamamen farklı bir yöne dönmüştür: Gerçek anlamda maneviyat talep eden bir metot olarak Kabala, doğal olarak manevi arzuları diğer seks, para ve güç gibi arzulardan ayırır. Basitçe bu arzuları doyurmaya yardımcı olmaz.

Yaşamdaki gerçek amacımıza ulaşmak için yolumuz boyunca tüm evrimsel aşamaları, alma arzusunun ilk aşamasından başlayarak —egoizm- beşinci ve en son dereceye ulaşana kadar deneyimlemeliyiz. Bu aşamanın sonunda bu dünyayla ilgili düş kırıklığı ve kriz hissi bizi bekler. Ancak bu dünyanın tüm arzularını

tam anlamıyla kullanıp, manevi arzu duymaya devam ettikçe, evrimin bir sonraki derecesini –maneviyat- keşfetmeye hazır oluruz.

Kabala ilminin ifşa olmasından önce egoizmin tüm gücüyle açığa çıkması, maddesellik ve maneviyat arasındaki bağla ilgili olarak yanlış kanılara sahip bir dünya yaratarak, insanlığın doğru evrim yolundan çıkmasına sebep olmuştur.

Bugün çeşitli kurumlar yüksek hayat standardı ve "çabuk onarım" vaadi vermektedir. Kabala adını kullanarak onu uzay ve pek çok ilgisiz konuyla bağdaştırmaya çalışıyorlar. Kabala ile ilgili bu endüstrinin ilerlemesi, yaşamla ilgili büyüyen hayal kırıklığına cevap olacak şeyin Kabala olduğuyla ilgili genel kanıyı arttırıyor. Şişen egoyu tatmin etme çabası, insanlığın yaşadığı hayal kırıklığının bir başka göstergesidir.

Şunu anlamalıyız ki, bunun arkasında tek bir kişi yok. Evrimin genel yasası -tüm yaratılışı amaca doğru götürmek- Kabala'nın bugün ortaya çıkışının arkasındaki güçtür. Dolayısıyla Kabala ilmi insanlığın her başarısını korkuya çeviren egoist doğasını ıslah etmek için, mağaralardan çıkıp insan bilincinin merkezine yerleşmiştir.

ÖZGÜR SEÇİM

Bizler tamamen doğanın takdirine bağlıyız. Doğmaya mecbur edildik; doğum tarihimizi, ailemizi, yeteneklerimizi ya da bu yaşamda karşılaşacağımız insanları biz seçmedik. Asla kendimizin seçmediği bir çevreye girdik.

Tüm kişilik özelliklerimiz, hislerimiz, niyetimiz önceden tayin edildi. Herkes kendi şansıyla doğar. Dahası şöyle denir, "Aşağıda (dünyamızda), yukarıdaki meleğin (üst dünyadan bir güç), Büyü! Demediği tek bir çimen tanesi bile yoktur." O halde özgürlükten bahsedemeyiz.

Hem doğa hem toplum kendi yasalarına göre gelişir, dolayısıyla evrende meydana gelen değişimler ve başımıza gelen felaketler bize bağlı değildir. Sadece kişilik özelliklerimiz ve bize verilenler değil, bizi ıslahın sonuna yönlendiren güçler de dâhil dışımızdaki her şey eğer bize yukarıdan dikte ettiriliyorsa, ne çeşit bir özgürlükten bahsedebilir ve hatta düşünebiliriz?

Eğer sadece doğanın emirlerine uyuyorsak, neden yaratıldığımız sorusunun yanıtının net olmadığını görürüz. Eğer her şey önceden tanımlandıysa ve özgür seçim yoksa öyle görünüyor ki tüm yaratılışın bir anlamı yok. Ancak yaratılış amacı, her şeyin olduğu şekliyle devam etmesi değil, bize verilen özgür seçim ödülü vasıtasıyla bütünlüğü edinmektir. Bu sebeple özgür seçimimizin nerede ve neyde açığa çıktığını bulmak çok önemlidir.

Hiçbir bitki, hayvan ya da insan özgürlüğünün kısıtlanmasına tahammül edemez. Dünyadaki sabit sistemin farkındalığına rağmen, bağımsızlık arzusu hayatımızı yönetir. Özgürlüklerini kaybeden hayvanlar yaşam enerjilerini kaybeder ve zayıf düşer. Doğa hiçbir çeşitteki köleliği kabul etmez; yaşayan tüm yaratılanlar özgür olmak ister. Dolayısıyla son yıllarda belli bir miktar özgürlük elde etmek için kan dökülmesi bir tesadüf değildir.

Bazen öyle görünüyor ki, özgür seçimimiz ile ilgili soruyu göz ardı edip en uygun şıkkı seçiyoruz. Yaşamlarımızdaki en temel ikilem budur. Nerede özgür seçimimiz olduğunu, nerede olmadığını açıkça görmeliyiz -yukarıdan dikte ettirilenler ve bizim seçimimize kalmış olanlar.

Fakat yaşantımızda özgür seçim hakkımız olan bir ya da iki eylem ya da karar olsa bile, bunları dikkatlice çalışmalı ve anlamalıyız çünkü onlar bizim özgürlüğümüzü ifade etme ve kaderimizi değiştirme araçlarıdır. Gördüğümüz ya da göremediğimiz diğer her şeyde, doğanın yasalarının hükmü altındayız.

DOĞAMIZIN ÜZERİNE ÇIKMAK

İnsan Yaradan'ın suretinde yaratılmıştır. Dolayısıyla bilerek ya da bilmeyerek kişi Yaradan'ı temsil eden bütün niteliklere sahip olmayı arzular. Yaradan sonsuzluk ve huzur aşamasıdır. Biz de bunları aradığımızdan, aslında tüm eylemlerimiz sadece bunu edinme araçlarıdır. Yaradan birdir ve eşsizdir dolayısıyla erkek ya da kadın herkes kendinin yani egosunun ne kadar bir ve eşsiz olduğunu iddia eder. Edinilemez olarak düşündüğümüz şeyleri başarma niyetimiz, Yaradan'ın bir parçası olan ruhumuzdan gelir. Biz aslında gerçek anlamda özgür olan Yaradan'ın durumuna özeniriz. Varlığımızın amacı budur. Eğer bu mümkün olmasaydı özgürlük kavramı var olmazdı. Özgürlüğümüz, bağımsızlığımız, doğamızdan kurtulduğumuz ve onun üzerine yükseldiğimiz ölçüde mümkündür. Bunun sebebi doğamızın önceden belirlenmiş olmasıdır. Gerçek ve mutlak özgürlüğü edinmemiz, maddesel dünyamızın mağarasının kapısını manevi, sonsuz ve özgür âlemlere açacak, özel mekanizmaları aktive etmemize bağlıdır.

Özgürlüğümüz için savaşmalıyız. Tüm yaşamımız özgürlüğün küçük bir parçası için mücadeleyle doludur. Biraz onay ve saygı görebilmek adına bizden istenileni yapar ve yaşamlarımızı boş eylemlerle doldururuz.

Önce ailemizin ve ebeveynlerimizin yükünden kurtulmak için özgürlük mücadelesi veririz. Bize dayatılan koşullardan ve hayatımızı zorlaştıran görevlerden kaçmaya çalışırız. Özgürlüğün bu yanlış hissini edinmek için büyük çaba harcarız. Fakat gerçek özgürlüğü, önceden belirlenmiş doğamızdan kurtulma özgürlüğünü edinmek için, çaba harcamamız gerekir. Bu özgürlük dinlerin bize söylediği gibi öldükten sonra değil, burada, bu yaşamda, bu dünyada edinilir. Fakat bunun için çaba sarf etmemiz, doğamızın üzerine, "bu dünyanın üzerine" çıkmamız gerekir.

"Bu dünyanın üzerine çıkmak" demek, bu dünyada yaşarken ihsan etme niteliği içinde olmak demektir. Bizim dünyamız sadece haz almakla ilgilidir. Bize yukarıdan verilen niteliklerle gerçek bir özgür seçimimiz yoktur. Bir şey hariç her şey önceden belirlenmiştir!

Anne ve babalar çocuklarının en iyi eğitimi almaları için sıklıkla yer değiştirir. Çocuklarının iyi şekilde gelişmesine olanak verecek çevreyi sağlamaya çalışırlar ve böyle yapmakla kesinlikle haklıdırlar. Onlar, çocuklarının belli bir çevre etkisi altında olduklarında özgür seçimlerinin olmadığını bildiklerinden, farklılık yaratacakları bir yere gitmek ve çocuklarına olumlu şekilde etki edecek çevreyi seçme özgürlüklerinin olmasını isterler.

Kabala çevrenin insanlar üzerindeki etkisini tam olarak analiz eder. Bunun sonuçları açıktır: insanlar çevrelerine isteseler de, istemeseler de bağımlıdır. Onu reddetseler, tüm yaşamlarını onu reddetmek ve ondan kurtulmak için harcasalar bile sonunda teslim olup ona katılırlar.

Birçok insan hayal etse de çok az kişi çevrenin etkisinin ötesine geçmede başarılı olur. Bunu tekrar ve tekrar deneriz çünkü sahip olduğumuz tek şey, kendimiz ve çocuklarımız için doğru çevre seçme özgürlüğüdür. Bu hayatımızdaki pek çok şeyi belirler. Böyle bir çevreyi nasıl oluşturacağımızı ve bunun için neye ihtiyacımız olduğunu anlamak önemlidir.

Kabala bugüne kadar bize kapalı olan üst yönetimin tam ve net resmini önümüze serer. Her birimizin, tüm insanlığın yaratılış amacını ve kendi yaşam amacımızı, ister bu yaşamda ister gelecek yaşamda, ister kendi özgür seçimimizle kabul etmek zorunda olduğumuzu görmemizi sağlar.

Kabala'ya Uyanış — Michael Laitman

KENDİ KADERİMİZİ TAYİN ETMEK

İnsanlar sıklıkla önceki yaşamlarımızın şimdiki yaşamımızı etkileyip etkilemediği sorar. Elbette etkiler fakat unutmayın ki sadece geçmiş yaşamlar değil, gelecek yaşamlar da var. Bugün her insanın bu yaşamda, gelecek yaşamını etkileme şansı var. Her birimiz yaşamlarımızı doğru şekilde nasıl etkileyeceğimizi, bir yaşamdan diğerine devam eden bu etkinin yasalarını nasıl çalışacağımızı öğrenmek zorundayız.

Kişi yaşamsal bilgiyi, gelecek seferde daha iyi bir yaşam kurmak için bir yaşamdan ötekine aktarır. Birkaç yaşam boyunca yaratılış amacına doğru ilerleyebilir ve edinimlerini biriktirebilir. Tüm yaratılış içinde bu şansın verildiği tek yaratılan, insandır.

Kendi kaderimizi belirleyebilir ve bilinçli olarak çevremizdekileri etkileyebiliriz. Tüm dünyamız bize yukarıdan inen ve etrafımızdaki her şeyi kaplayan ışığa bağlıdır. Görünmez ışık tüm realiteye hayat verir. İnsanlar bu ışığın dünyamıza inişini kontrol edebilir. Kabala ilmi çalışması vasıtasıyla manevi perdenin edinimi, kişinin bu ışığın inişini kontrol etmesine olanak verir. Bu kişi cennetin merhametini beklemek yerine bir Kabala dua kitabını açabilir ve orada yazılan kurallara göre hareket edebilir.

Erkek veya kadın kim bu talimatları izlerse, üst ışık ondan geçer ve bunun sonucunda da güven ve mükemmellik hisseder. Neler olacağını ve bunları nasıl kontrol edeceğini bilir. Bu nokta gerçek özgür seçimin olduğu yerdir. İhsan etme seviyesindeki insan yaşamını, geleceğini ve tüm doğayı kontrol edebilir.

Michael Laitman

Üst ışık aracılığı ile dünyaya iyilik getirir ve bu ışık ikiye üçe katlanarak ona geri döner.

MANEVİ YAPIMIZ

Dünyadaki nesillerin evrimi fiziksel bedenlerin ortaya çıkması ve kaybolmasından başka bir şey değildir. Ancak fiziksel bedeni dolduran ruh, en önemlisi de "Ben" kaybolmaz. Sadece onları taşıyan bedenler değişir. Dolayısıyla ilkinden sonuncusuna kadar tüm nesiller, binlerce yıla yayılmış tek nesil olarak kabul edilir.

Ruh yukarı seviyeden geldiğinden, bedenin ölümü onun için önemli değildir. Fiziksel ölüm ruhumuz için tırnaklarımızı ya da saçımızı kesmek gibi önemsizdir. Tırnaklar ve saç içimizdeki bitkisel seviyeye aitken, fiziksel beden bir üst dereceye hayvansal seviyeye aittir.

Üst gücün neyi seçmemize izin verdiğini, neyin kendi irademize ait olduğunu anlamak için önce kendi "benimizi", bizi oluşturan dört elementi incelememiz gerekir. İlk elemente "yatak," temel denir. Bu hepimizin yaratılışındaki özdür. Bu Yaradan'dan aldığımız şeydir. Yaradan, hiçlikten daha önce var olmamış yeni bir şey yarattı. Bu her birimize verilmiş özdür ve önceden tayin edilmiştir.

İkinci element, özümüzün evriminin yasalarını temsil eder. Bu yasalar değişmez; Yaradan tarafından belirlenir çünkü onlar yaratılış amacına ulaşmak için çabalayan özün doğasından ve önceden belirlenmiş formundan gelir. Her tohum, hayvan ve insan varlığının içinde, bu program ve evrim yasaları mevcuttur ve biz onları etkileyemeyiz.

Diğer iki element olan üçüncü ve dördüncü elementler gelişimimizle ilgilidir, fakat onlar ruhun kendisinin dışındadır. Bunlar kendi özgür seçimimizle, içimizde gönüllü değişiklikler yapan dışsal koşullardır ve bazen kendi arzumuzun dışında, üzerimizde kontrol edemediğimiz baskılar yaratır. Dolayısıyla evrimimizdeki üçüncü element, bizim evrim yolumuzu "doğru" ya da "yanlış" yöne çeviren dışsal koşullardır.

Bir buğday tohumunu ele alalım. Eğer aynı tip tohumu bir tarlanın iki ayrı bölgesine ekip, her bölgeye farklı koşullar uygularsak, örneğin bir bölgeye en iyi koşulları sağlarken, diğer bölgenin güneş ışığını engelleyip, yeterli su vermezsek, dışsal koşulların büyüme sürecini nasıl etkilediğini görebiliriz. Tarlanın farklı köşelerinden aynı tohumu alsak bile, buğdayın nihai kalitesi büyüme sırasındaki koşullara bağlıdır.

Dördüncü element dışsal koşulları değiştirmektir. Kendimizi direkt olarak etkileyemeyiz fakat dışsal koşullarımızda bir değişiklik yaparak, kendi geleceğimizi, düşüncelerimizi, niyetimizi yani tek kelime ile geleceğimizin kalitesini belirleyebiliriz. Dolayısıyla kişi gelişimi açısından kendini doğru yerde bulursa, toplumun pozitif etkisi altına girerek, harika sonuçlara ulaşabilir.

Hem zihnin, hem kalbin doğasının üzerine çıktığımızda, onları üst dereceden gözlemleyebiliriz. Örneğin, buğday tohumunun evrimini titizlikle araştırabilir, yaşam rotasını ve yaşam sayısını onu toprağa ekerek, dolayısıyla "öldürerek" ve yeni bir yaşamın doğmasını sağlayarak, etkileyebiliriz.

Bu süreçler sadece bitkisel doğayla yapılabilir çünkü cansız nesneler arasında yaşam ve ölüm döngüsü yoktur. Yukarıdan gelen yardım olmadan hayvansal doğamızın üzerine çıkmak mümkün değildir. Bu nedenle alelade hislerimizle bu doğamızın dışına çıkamayız; en gelişmiş aletler bile bize yardımcı olmaz çünkü onlar da hayvansal seviyeye aittir. Doğanın dışındakileri algılamak sadece üst dereceden edinilen niteliklerle mümkündür.

İnsan yaşamının doğasını ancak kendi seviyemizin üzerine, en yüksek noktaya, manevi dünyaya çıkarsak anlayabiliriz. Bu seviyeye bir kez ulaştığımızda kendimizi inceleyebilir ve tohumu etkileyebiliriz. Bu kesinlikle Kabala ilminin bizim için olanaklı kıldığı şeydir.

Yaşamlarımızı buğdayın yaşam döngüsüyle kıyaslarsak, kendi evrim mekanizmasını keşfederiz. Toprağa ekilen bir tohum, ondan fiziksel bir şey kalmayana kadar formunu tamamen kaybeder. Toza dönüşür ve cansız hale gelir. Fakat yeni bir form açığa çıkar ve yeni bir yaşam başlar. Önceki şekli tamamen kaybolmuştur ve geriye özünden, yeni yaşamın doğmasını teşvik eden bilgiden başka bir şey kalmamıştır.

Eğer bitkisel derecede, buğdayın derecesinde olsaydık, yaşamı inceleyemezdik. Tohumun önceki şeklini nasıl kaybettiğini ve yeni yaşama aktarılan önceki niteliklerle tekrar büyümeye başlamasını anlayamazdık. Orijinal tohumdan geriye fiziksel bir şey kalmamasına rağmen, yeni bitki bir öncekinden doğar; geçmişten gelen hiçbir hatıra olmadan yeni bir mevcudiyet, yeni bir yaşam döngüsü başlar.

ESKİ RUHLAR, YENİ BEDENLER

Öldükten sonra bedenlerimize ne olduğu buğday tohumunun başına gelenlere benzer. Fiziksel beden parçalanır ve biz yeni bir beden alırız. Fakat manevi potansiyelimiz olan ruh, eski fiziksel bedenden "ölüm" dediğimiz kopmayla bir sonraki bedene gen formunda aktarılır.

Beden tamamen parçalanmadan, bir sonraki döngü başlamaz. Ancak parçalanma gerçekleştikten sonra, yeni bir yaşam döngüsü başlar. Yeni başlayacak yaşamı çabuklaştıracak bazı uygulamalar da vardır, örneğin yeni aşama ıslahın hemen başlaması, bedenin daha çabuk çürümesi için mezara limon konulur.

Yaşamdan yaşama geçiş, buğday tohumu gibi tam bir parçalanmayı, çürümeyi gerektirir, geriye sadece öz kalır: herhangi bir fiziksel kılıfı reddeden saf güç. Bu öze reşimo denir. Dereceler arasında, bir yaşamla ötekisi arasında, bir kopma, boşluk vardır. Bu sebeple kişi aşamadan aşamaya geçişi göremez. Ancak, bir Kabalist bir döngüden diğerine binlerce kez geçebilir. Geçişi kontrol edebilir ve her döngü arkasında bir reşimo bırakır. Bir Kabalist yeni bir yaşama başlamak için fiziksel bedenini bırakmak zorunda değildir çünkü o, bedeniyle değil ruhuyla tanımlanır.

Bu yaşamdan bir sonrakine ölmeden gitmek mümkündür. Bunun olması için kişi bir Kabalist gibi

zihinsel ya da ruhsal olarak bedeninden ayrılmalıdır. Bu şekilde kişi fiziksel yaşamı boyunca pek çok yaşam döngüsünü deneyimleyebilir. Bir yaşamda tüm yolu baştan sona, ruhun başlangıç noktasından yaratılış amacına gidebilir.

Bizde olan değişiklikleri, bu dünyanın derecesinin ötesine geçip manevi dünyaya girdiğimizde kendi gözlerimizle görebiliriz, tıpkı klinik olarak ölmüş bir insanı doktorlar yaşama döndürmek için uğraşırken, onun kenardan seyretmesi gibi. Üst seviyeden bize ne olduğunu görebilir, yaşamlarımızı yönetebiliriz.

Geçmiş yaşamlarımızdan gelen, bir önceki bedenden sonrakine geçen bu güce, "yatak" denir. Ruhsal bilgiyi kendinde taşıyan güç, yaşamımızın özüdür. Eğer tohum, buğday tohumuysa, o buğday tohumu olmaya devam eder. Ruh aynı ruh olarak kalır fakat farklı bir bedenle kılıflanır.

Bedenlenmiş ruh, içindeki programa göre hareket eder. Ruhunun ıslahı onu çevreleyen fiziksel bedenin nitelikleri aracılığı ile gerçekleşir. Gelecek koşullarımızı yani ne çeşit bir bedende olacağımızı ve hangi koşullarda yaşayacağımızı, bu yaşam döngüsündeki manevi edinimlerimizle belirleriz. Bu tamamen bir öncekinin çürümesinden sonra yeni bir beden yaratan reşimoya bağlıdır. Ruhun geçirmesi gereken ıslahla ilgili tüm veriler reşimonun içindedir.

Böyle bir insan görevini tamamlayıp tamamen ıslah olduğunda, tekrar dünyaya gelerek diğer insanlara yardım edebilir. Bedeni yaratan aynı reşimo, insanlar arsındaki farklılıkları oluşturur: kişilik özellikleri, yetenekler ve eğilimler ruhun içsel eğilimleriyle, bu dünyada ne yapması gerektiğinin idrakiyle belirlenir.

Biz ilk elementi -yatak, öz, ruhsal varlık, manevi gen- direkt olarak Yaradan'dan alırız. Dolayısıyla onu açıkça etkilemek mümkün değildir. Bu element kişinin özünü, düşünce yapısını ve atalarının sahip olduğu bilgiyi içerir. Daha sonra bu bilgi, farkında olmadığımız akılsal ve fiziksel nitelikler, eğilimler olarak ortaya çıkar. Bunlar kişide inanç ya da kuşkuculuk, materyalizm ya da ruhsallık, ya da belki utangaçlık ya da dışa dönüklük olarak açığa çıkabilir. Bu nitelikler, toprakta maddesel şeklini kaybeden buğday tohumu gibidir. Onlar bize doğal kalıtım yoluyla onları taşıyacak bir fiziksel beden olmadan verilir ve bu sebeple bazen zıt formlarda açığa çıkabilirler.

Michael Laitman

NİTELİKLERİN EŞİTLİĞİ YASASI

Kabala'da insan akılının ötesinde yeni bir şey söylemeyiz. Doğal bilimlerin tüm yasaları, yaratılışın her parçasının merkeze özlem duymasından ve fiziksel-biyolojik dengeden (ister bir atom, bir molekül, cansız bir nesne, ister yaşayan bir organizma olsun) bahseder. Bu doğa yasalarının, aynı zamanda Kabala'nın ilminin prensibidir, fakat Kabala bu kolektif yasaları insanlıkla ilişkilendirir.

Doğanın bir parçası olduğumuz unsuru bizi ona itaat etmeye zorlar. Bu ne arzumuzla ne de bu dünyadaki mevcudiyetimizle ilgilidir. Bu yüzden eğer kişi doğanın yasalarına uyar ve uygularsa, kendini iyi hisseder eğer uygulamazsa bunun tersi olur.

Doğanın kolektif yasaları bizi "yaratılışın merkezi" denilen aşamaya geri getirir. Bu merkeze geri dönmeyi istemeye başladığınız an, huzurlu bir yola adım attığınızı hissetmeye başlarsınız çünkü güçle anlaşır ve onun yasalarını kabul etmiş olursunuz. Diğer yandan, eğer bu yasayı bilmez ve kendi anlayışımıza göre hareket ederseniz, cezalandırılırsınız. Doğanın çalışma şekli budur, yasayı uygulamayan cezalandırılır.

Bizler sürekli olarak doğanın yasalarını bozan tek yaratıklarız çünkü diğer tüm yaratılanlar, kendi doğal güdülerine göre yaşar. Bu güdüler bizde de vardır fakat nasıl davranacağımızı bilmek açısından yeterli değildir ve eğer biz bu bilgiyi talep etmezsek, yok oluruz.

Bu sebeple, bizim için yapılacak en iyi şeyin, doğanın amacıyla -realitenin tüm seviyelerini cansız, bitkisel, hayvansal ve konuşan, mükemmelliğe getirmek- beraber yol almak olduğunu anlamalıyız.

> Kabala'ya
> Uyanış

Michael Laitman

Daima aklımızda şunu tutmalıyız ki, bize olan her şey bir nedenin sonucu olarak üst güçten, doğanın kolektif yasasından gelir. Bu yasalar, ruhani seviyeye olduğu kadar, fiziksel-biyolojik seviyeye de hareket ve denge getirir.

Denge, geldiğimiz yer olan merkeze dönüştür. Dolayısıyla, bu yasaya bağlanmak için ilk koşul, her şeyin sadece kaynaktan, tek merkezden geldiğini akılda tutmaktır. Bu yasaya "Niteliklerin Eşitliği Yasası" ya da "Form Eşitliği Yasası" denir.

Yaradan'ın arzusu bizi mükemmelliğe getirmektir. Biz de mükemmelliği ararız fakat bunun için Yaradan'ın bizim için hazırladığı programı çalışmak zorundayız. Eğer Yaradan'ı bilmek istersek, sistem (bizim yararımıza çalışan) önümüzde belirir. Baal HaSulam, başlangıçta kişinin Yaradan'a bağımlı olduğunu anlamak zorunda olduğunu ve eğer kişi O'nunla bağ kurmazsa yaşamının yok olacağını söylemiştir.

Merkeze, üst güce yaklaşmakla ilgili düşüncelere sahip olmak, sıradan bir duadan daha etkilidir. Eğer düşüncelerimizi yoğunlaştırmak istersek, zamanımızı Ein Od Milvado, "O'ndan başkası yok" denilen prensibe adamalı ve dünyalar sistemini çalışmalıyız. Bunu yaparak ışığı kendimize çekeriz. Bu nedenle Yaradan'la, dünyaları kontrol eden sistemle minimal bir temas kurmamız önemlidir.

Kabala'yı çalışan kişi için hangi dilin, kelimelerin ya da sesin manevi dereceleri ya da aşamaları tanımladığı önemli değildir. Fakat kullanılan dil yeni başlayan bir öğrenci için çok önemlidir çünkü öğrencinin maddesel nesneleri imgelemesine yol açacak bir etki yapabilir ve

aklı karıştırabilir. Dolayısıyla, Kabala'nın dili çağdaş insanların anlayacağı teknik bir dildir, sefirotlardan, dünyalar siteminden, partzufim, behinot ve çizimlerden oluşur. Kabala bize üzerimizde ve tüm dünyada işleyen, alt sistemlerden oluşmuş bir sistemi öğretir.

İnsanlar üst güçle sürekli bir temas kurmak istediklerinde, yeni bir duyusal organ geliştirir ve onun yardımıyla üst güçle olan bağlarını hissetmeye başlarlar. Üst güç iletişim sistemimizin nasıl inşa edildiğini, nasıl çalıştığını ve bizi merkeze geri getirmeye nasıl özlem duyduğunu anlatır. Bu sistem bizi ve etrafımızdaki dünyayı motive eden şeydir. Onu Üst Güç ya da Yaradan olarak adlandırabilirsiniz, fark etmez. Eğer dünyanın kolektif gücünü hissederseniz, kendinizi nasıl doğru yönlendireceğinizi anlayabilirsiniz.

Michael Laitman

RUHUN PROGRAMI

Ruh tıpkı bir bilgisayar programı gibidir. Cisimleşmeden önce bir düşünceden, fikirden, farklı olaylar arasındaki bağdan fazlası değildir. Yaradan'ın inşa ettiği sistem de bir bilgisayar programı gibidir, Yaradan'ın programdır. Eğer onu çalışırsak, karşılaştığımız durumları hem kendimiz hem de toplum için en iyi şekilde organize edebiliriz. Program düşüncelerden bağımsız değildir ama daha ziyade içimizdedir. Özünde amaçtır.

Program yani Yaradan, biz ne kadar istesek de değişmez. Yaradan bir arzudur: "Yaratıklarına haz verme arzusu." Geçmiş acılar sayesinde bu programa daha uygun hale gelir ve bizim için olduğunu hissederiz.

Kabala, üst gücün eksiksiz olduğunu ve değiştirilmesi gereken şeyin kaplar olduğunu söyler. Her şey ışığın değil kapların değişmesine bağlıdır çünkü ışık değişmez.

Işık bizimle uzlaşmaz ve merhametsiz bir şekilde davranır. Bu yol değiştirilemez çünkü ışık özünden, yaratılışın Yaradan'a eşit olduğu "yaratılışın sonu" noktasından yayılarak tüm yaratılış üzerinde işler. Dolayısıyla ışığın üzerimizde bu işleyişi, bizi merkeze geri getirmek için zorlar. Şu çok açıktır ki, eğer buna özlem duymazsak, kendimizi bizi merkeze doğru iten korkunç gücün baskısı altında buluruz.

Form eşitliği, sizin bu plana razı olmanızdır. Yaradan'ın programı bir bilgisayar programına benzettim çünkü her ikisi de değiştirilemez. Bilgisayarımıza istediğiniz kadar bağırın siz sorunu çözmeden o size cevap vermez. İnsanlığın Yaradan'la ilişkisi de böyledir: kendimizi ıslah etmeden önce, yaratılışın bize yardımsever şekilde davranmasını beklemek için bir sebep yoktur.

O'nun değişeceği umuduyla, değişmeyen O'na döneriz ancak bu Yaradan'la ilgili bir yanlış algılamadır. Malachi bunu açıkça belirtmiştir: "Ben, Yaradan, değişmem", aslında değişmesi gereken siz olduğunuz halde, Yaradan sizin değil O'nun değiştiğini düşünmenizi sağlar.

Bizler duyusal sistemimizin, kaplarımıza, duygularımıza ne kadar bağlı olduğunun farkında değiliz. En ufak bir değişimde tüm dünya tamamen farklı görünmeye başlar. Kişi bariyeri aştıktan ve üst dünyayı hissetmeye başladıktan sonra manevi derecelerde ilerlemeye ve Yaradan'ın onunla ilgili olarak değişmeye başladığını hisseder.

YARADAN'LA TEMAS KURMAK

Size "bilgisayarınızdaki" bu özel programı nasıl kullanacağınızı öğretmek istiyorum. Bilgisayardaki bu program doğadır fakat insanlık bu programın gerçek anlamda işleyen kısmıdır. Bu programla çalışan tek şey biziz, verileri alır, onları etkiler ve eylemlerimizin karşılığını ekranda görürüz. Ben size bu programı nasıl kullanacağınızı öğretmek istiyorum çünkü ben de bunu hocamdan öğrendim ve nasıl etkili olduğunu biliyorum.

Bu programı kullanan ve kontrol edebilen kişiler sadece Kabalistlerdir ve doğaya doğru yaklaşma

| Kabala'ya Uyanış | Michael Laitman |

bilgisini ve bunun nesilden nesle nasıl kontrol edileceğini bizlere aktarırlar. Onların kitapları bu dünyanın nasıl yönetileceğini tarif eder. Bu ilme Hohmat ha Nistar (saklı olanın ilmi) denir çünkü sadece bunu almaya hak edenlere açık, diğerlerine gizli kalır. Kişi doğanın talep ettiği şekilde niteliklerini değiştirmezse bu ilmi anlayamaz. Şu an bile bu ilmi öğrenmeye başlayabiliriz. Şimdilik bunu egoistçe kullansak bile, durumumuzu ve yaşamımızı iyileştirebiliriz.

Yaradan'la temas kurmak, bedenle kılıflanmadan ve maddesel dünyaya inmeden önce ruhla Yaradan arasında var olan temasa geri dönmek ve O'nunla form eşitliğine gelmek için, Yaradan'dan en uzak olduğumuz noktadan bizi en yakın noktaya getirecek bir sistem inşa edilmiştir. Bu sistemimizin içine programlanmıştır.

Bu genel yasa dünyamızdaki yer çekimi yasası gibi hareket eder: "mükemmellik" denilen kaynak, tüm realiteyi ve tüm yaratılanları kendine çeker. Ona önce biz çekim duyarız ve bu nedenle onun yoğun gücünü acı olarak hissederiz. Onun bizi çektiği kadar biz merkeze dönmeye özlem duymazsak, bizi çeken gücün yoğunluğu ve bizim arzumuz arasındaki boşluğun derinliği nedeniyle acı hissederiz. Eğer arzumuz bizi çeken gücün yoğunluğundan daha fazla ise, hissettiğimiz her şeyin Yaradan'dan geldiğini anlamaya başlarız.

Bunun sonucunda da kişi Yaradan'a döner. Arzularımıza Yaradan'ın eylemleri olarak bakarız, Yaradan'dan kaynaklanmayan tek arzu, O'na dönme arzusunun kararıdır. Yaradan'la temas ve O'na dönmek, bir amaç haline gelir. Dolayısıyla amaç, kendimiz değil, Yaradan'dır.

Bu ruhumun bu dünyaya gelmeden önceki noktasına erişmek zorundayım demektir. Bu dünyadayken Yaradan'a bağlanmalıyım. Eğer para ya da yağmur istersem buna Lo Lişma (O'nun için değil), cansız seviye denir. Eğer Yaradan'dan O'na yaklaşma izni istersem, o zaman amacım kendim değil fakat O olur, tıpkı ayette yazdığı gibi: "Kalbimiz O'nunla olduğunda sevinir." Bu yaratılışın gerçek amacıdır.

Kişi yağmur duası ettiğinde bile bunun arkasında üst güç vardır. Gerçek amacı hedeflememiş olsa da, bu Yaradan'a bir duadır. Hoşlansak de hoşlanmasak da, bebeği anneye bağlayan göbek bağıyla Yaradan'a bağlıyız.

Fakat bilinçsizce dua eden kişi gelecekteki acılardan korunamaz çünkü Yaradan bu acıları, arkasında bir sebep olduğunu anlamamız için bize gönderir. Bu acılar olmadan insanlık yaratılış amacına ulaşamaz. Acı çekmenin amaçlı olduğunu anlamak önemlidir, acılar Yaradan'dan gelir.

Yaradan'a doğru gelişim, kişinin iyi ya da kötü her şey için Yaradan'la temas kurmayı istediği an başlar ve bu Kabala'da tzimtzum (kısıtlama) olarak bilinen dünyasal hazları nötrleştirir. Kişi kendini kontrol edebilme becerisi edindiğinde, kendi için değil, insan doğasının tamamen zıttı olan Yaradan için haz alma becerisinin talebini de edinir.

Yaradan'a yakın olmayı talep eden kişi, O'nu egoist hazların sağlayıcısı olarak görmez. Kişi yaşamda başına gelen her şeyi sevgiyle kabullenir. Kaplarının ıslah olmadığının işareti olarak kabul edilen kötü hissiyatın içindeyken bile sıkıntıları sevgiyle kabullenir.

Kabala'ya
Uyanış

Michael Laitman

Acılar ve kötü hissiyat kaybolur. Daima acıyı kötü olarak hissederiz fakat onlar manevi gelişimimiz için gereklidir.

KABALA BİLİMİ

Her şey doğaüstü güçlere inanmayla başladı. İnsanlar başkalarını etkileyebilen, geleceği gören ve kontrol edebilen doğaüstü güçlere sahip insanların varlığına inanırlar. Bu insanlar "nazardan" korunmak, şifa bulmak için falcılara servet harcarlar. Kötü düşüncelerin bir diğer insana zarar vereceğine, bundan onarılamayacak kadar büyük zarar göreceklerine ve bu lanetin insanı sonsuza kadar izleyeceğine inanırlar.

"Kötü gözlerden" dolayı acı çektiklerinden şikayet eden insanlar bana gelip, onu kötü şekilde etkileyen birinin olduğunu söylemeye çalışır yani birisi düşünce gücüyle ona zarar vermiştir ve benim bu nazarı yok edecek gücü elimde tuttuğuma inanır. Eğer birisi bir başkasının düşüncelerinin nötrleşmesini istiyorsa, o zaman düşüncenin gücüne ve bu düşüncelerin gerçekleştiğine inanıyor demektir.

Düşünce gücü realitedeki en güçlü şeydir. Deneyimlerimiz bize, güç ne kadar anlaşılmazsa o kadar kuvvetli ve sınırsız olduğunu söyler. Bugün bilim insanları bunu kanıtlamışlardır. Dünyada pek çok fenomene neden olan radyo dalgaları, manyetik ve elektronik alanlar, radyoaktif ve yer çekimi bu güçlere örnektir.

Kabala kadim mistisizm ile ilgili değildir; en çağdaş ve bize en yakın olan bilimdir. Göremediğimiz, dünyamızda işleyen ve hayatımızın her anını etkileyen güçleri çalışan yirmi birinci yüzyılın bilimidir. Her birimizin, hepimizin genel olarak tüm insanlığın geleceğini değiştirecek bir bilimdir. Bu bilimle ilgili özel olan şey şudur ki, çalışmanın kendisi bu güçlerle bağ kurar. Kişi Kabala çalışarak yaşamını değiştirebilir. Onu dünyaya getiren ve yaşamını yöneten üst güçle bağ kurar.

Kabala'nın tek bir amacı vardır -insanlığı tepe noktasına en çabuk yoldan getirmek yani üst dünyanın yasalarının idrakiyle beraber onları yönetme becerisini kazandırmak. Her insan için bu her iki dünyada yaşamak demektir: bildiğimiz fiziksel dünya ve burada olan her şeyi kararlaştıran manevi dünya. Bu gücü kullanarak, kişi bu güce benzer ve yaşamını buna göre idare eder.

ISLAH YOLU

Yaratılış yapısı düşündüğümüzden daha basittir: her şey ruhun içinde gerçekleşir. Ruh kendi içinde Yaradan'ı, kendini ve aralarındaki bağı hisseder.

Yaratılan tek şey ruhtur, Yaradan'ın yanı sıra var olan tek şeydir. Ruh kendinin dışında hiçbir şey hissetmez, sadece kendi iç dünyasının farkındadır. Buna Adem ya da Adam HaRişon (ilk insan) denir ve pek çok parçaya bölünmüştür. Her parça, ilk insanın bedeninin bir organıdır. Ruh aslında haz alma arzusudur. "Benzersiz ruhlar" denilen parçalar, haz alma arzusudur.

Kabala'ya Uyanış
Michael Laitman

Her ruh, ilk insanın kolektif ruhunun günah işlemesinden ve pek çok parçaya bölünmesinden önce sahip olduğu 613 arzudan oluşmuştur. Kabala'da günah demek, Yaradan'a memnuniyet vermenin zıttı, kişinin kendisi için haz alma arzudur. Bu Adam HaRişon'un da günahıdır. Bu günahın sonucu olarak, ruhu 600,000 bireysel ruhu meydana getiren 600,000 ayrı parçaya bölünmüştür. Her bir 600,000 ruh, arzu denilen 613 parçayı içerir. Bu arzular "ruhun kökü" dediğimiz orijinal kaynaktan 125 derece aşağıya iner. Düştükleri en son dereceye "bu dünya" denir ve bu ruhun en düşük derecesidir. Bu düşük dereceden kişi en yüksek dereceye, ruhunun köküne ulaşana kadar ruhunu ıslah etmelidir. 613 arzunun aşamalı ıslahıyla 125 dereceyi geri çıkmalıdır.

Tüm terimler fiziksel anlamlarıyla değerlendirildiğinden, Adem'in günahı daima yanlış anlaşılmıştır. Tora, insanların dilini kullanıyor gibi görünmesine rağmen, insanlar arasındaki meselelerden değil, tamamen farklı şeylerden bahseder. Bu sebeple günah kelimesinin tercümesine yanlış yorumlar yapılmıştır.

İlk insanın günahı en yüksek dereceden en düşük dereceye düşüşü belirtir ki bu şekilde insanoğlu kendi başına, bilinçli olarak ve özgür seçimiyle Yaradan'a yükselmeye başlar.

Eğer ilk aşamada kalmaya devam edersek, bağımsız olarak hareket etme şansımız olmadan bir robot, büyük bir şahsiyetin gölgesindeki bir insan gibi ışığın kontrolü altında oluruz. Hiç özgür seçim şansımız olmaz ve tamamen Yaradan'ın etkisindeki bir nesne oluruz.

Dolayısıyla Yaradan Kendini insanlıktan tamamen ayırıp, bizi manevi dünyadan ayıran örtülerin arkasına saklandığı için gerçek anlamda bir özgür seçimimiz söz konusu olabilir mi?

Zorunlu olarak manevi dünyadan düşüşe "Adem'in günahı" denir.

ISLAHIN YASALARI

Yaratılışın yapısı 613 yasa içerir. Her yasa, ruhun 613 arzusuna karşılık gelir. Bazı yasalar yaratılış yönetimi, bazıları her bir yaratılmışın kader sistemiyle ilgilidir. Fakat istisnasız hepsi ruhun içinde işler çünkü Yaradan'ın yanı sıra ruh realitenin ve tüm yaratılış sisteminin içindedir.

Kişi bu yasaları öğrendikçe, manevi olarak onları uygulamaya başlar ve ıslah sürecinden geçerek Yaradan'ın derecesine yaklaşır. Şöyle demek gerekirse, Yaradan'ın derecesi ile bizim derecemiz arasında duran 613 basamaklı bir merdiven vardır. Bir basamak çıkmak demek, bir perde ve ruhun 613 arzusunu edinmek demektir.

Günahtan sonra, kap (ilk insanın arzusu) küçük parçalara ayrılmaya başlar. Bu sebeple Tora, ilk insanın bir sonraki kaplarının kırılması olan Habil'i öldüren Kabil'in günahından bahseder. Ruhun ıslahının başlangıcı demek ruhların bu dünyanın seviyesine ulaşana kadar aşağıya indirilmesi demektir. Ruhun bağımsız olarak Yaradan'ın derecesine yükselmeye başlaması için O'ndan tamamen ayrılması gereklidir. Ruhlar Habil ve Kabil'in, Tufan neslinin, Babil

Kabala'ya Uyanış — Michael Laitman

Kulesinin, Sodom'un seviyesinin altına maddesel dünyamız seviyesine inmelidir.

Bizler merdiven derecelerinin en dibindeyiz. Ruh, dünya derecesine indiğinde ve bedenle kılıflandığında, Yaradan'dan tamamen kopar; hiçbir şekilde O'nun hissine sahip olmaz ve tamamen özgür olduğunu düşünür. Bu aşamadan yükselmeye başladığımızda bunun sonucu olarak her şeyi ıslah etmeye hazır hale geliriz. Bu sebeple ilk insanın ruhu kırılmalıdır: ruhlar tekrar yükselmek için bu dünyanın derecesine indirilmelidir.

MANEVİ GENİ AKTİVE ETMEK

İnsan gelişiminin tüm planı insanın içine işlenmiştir. Bu plan bizi yukarıya iten ve gelişmeye zorlayan motordur. Biyolojik bedenin genlerden gelen bilgisini edinmede başarılı olduk. Manevi gelişim planımız da biyolojik genlerden daha farklı olan özel bir gene işlenmiştir. Bunlar bizim "manevi genlerimizdir."

İnsan bu dünyaya geldiği andan itibaren bu plan işlemeye ve hayatını kontrol etmeye başlar. Kişinin niteliklerini, karakterini, kaderini ve her hareketini belirler. Fakat aynı zamanda birçok durumda kişinin özgür seçim yapmasına da izin verir.

Bu plan sadece insanda değil aynı zamanda evrende var olan her şeyde vardır ve "yaşam" dediğimiz süreci belirler. Doğanın diğer parçalarından ayrı olarak bu program insanlarda katı değildir fakat tüm yaşamına yayılır. Program bir seri birbirini

Michael Laitman

izleyen bilgi komutudur. Her bir yönergeye İbranice roşem (damga) kelimesinden gelen reşimo denir. Her birimizin içinde doğduğumuz andan ölümümüze kadar sadece şu anki yaşam döngümüzü değil, ruhun bütün reenkarnasyonlarını içeren bir seri reşimo vardır.

Eğer reşimo dizisinin verilerini okursak, evrenin yaratılma aşamalarını, ilk andan, güneş ve yıldızların ortaya çıkışından, dinozorlar çağına ve uzak geleceğe kadar tüm aşamaları tıpkı bir film şeridi gibi görebiliriz. Evrenin kolektif yasası, sadece bir aşamadan diğerine olan değişimleri değil, her bilgiyi saklar.

Eğer bu reşimo dizisi hayatımızın başlangıcından sonuna kadar tüm yaratılış planını içeriyorsa ve bizim bu yazılı yönergeleri takip etmekten başka yapacağımız bir şey yoksa hem birey hem tüm insanlık olarak bizim için nelerin planlandığını bilmek ilginç olacaktır. Kaderimizin detaylarını öğrenmekten ziyade, reşimoları şu anlamda araştırmak daha iyi olacaktır: doğanın ne planlandığını, reşimonun bizi getirmek istediği kolektif yasanın ne olduğunu, bu reşimoları nasıl çalışacağımızı ve belki de değişiklikler yapıp, bazı şeyleri tekrar yapılandırmayı ve geliştirmeyi öğrenebiliriz.

Bu soruların cevabı reşimo planının içine daldığımızda bulunabilir. Kişi Kabala çalıştığında bu programı ve reşimoları öğrenir, oysa günümüz insanı kendi yaşam planını öğrenmek ve evrenin yönetim planını çalışmak için belli bir çaba sarf etmesi gerekir.

Atzilut, dünyamızın kontrol paneli ve ışığın kaynağıdır. Yaşam, güven, sağlık ve huzur getiren ışığın yayılımını belirler. Ruh en mükemmel haliyle

| Kabala'ya Uyanış | Michael Laitman |

Atzilut dünyasındadır. Sonsuz ışık ve huzurla doludur, Yaradan'a eşittir ve O'nunla birdir. Ruh bu aşamadan "bu dünya" dediğimiz en aşağı seviyeye "atılır." Atzilut dünyasından aşağıya bizim dünyamıza inerken ruh aşamalı olarak ışığını kaybeder ve geriye geçmişin hatıralarından (reşimo) başka bir şey kalmaz. Bizim dünyamızdan Atzilut dünyasına tekrar çıkabilmesi için bu anılar reşimonun içine kaydedilmiştir.

Reşimo iki temel içeriğe sahiptir: 1) bu dünyaya inmeden önce ruhun Yaradan'ın ışığıyla dolu olduğunun hatırası ve 2) ruhu en üst manevi derecede tutan Yaradan gücü. Bu iki bileşen maddi dünyayla manevi dünyayı ayıran duvarı geçmemizi sağlayan manevi duyuyu oluşturmamıza yardım eder. Bu his Kabalistlerin içlerinde oluşturdukları bir şeydir. Buna perde denir. Perdenin kazanımı insanın kaderini kontrol etmesini ve çevresini geliştirmesini sağlar.

Ruhun ışıkla dolu olduğu üst dünyadan ışığın olmadığı bu dünyaya inişi, bir topun merdivenden inerken her basamağa değmesi gibidir. Her değiş, en alt manevi basamağı yaratan en küçük reşimodan başlayarak, nihai ve en yüksek dereceye doğru ilerleyen bir reşimo dizisidir. Kişi aşamalı olarak, bilinçsiz olduğu aşamadan sadece kendi dünyası dışında bulunabilecek benzersiz bir şeyin arzunu uyandıran yüksek farkındalık aşamasına yükselir.

REŞİMOTUN HIZLANMASI

Öyle bir şekilde yaratılmışız ki nereye gidersek gidelim hazzı arar ve arzularımızı tatmin edecek her fırsatı kullanırız. Bu arzular nereden gelir ve onları nasıl doyururuz?

Varlığımızın her seviyesinde -fiziksel, insan ve manevi seviyeler- her dakika içimizde yeni arzular uyanır. Tüm fiziksel arzuları, örneğin hücrelerin gelişme veya organların çalışma arzusunu hissetmeyiz. Bu tip bazı arzular doğal olarak karşılanır ama bazıları bizim aktif katılımımızı gerektirir. Bir bütün olarak arzular üç kısma ayrılır:

- Hayvanlarda da var olan fiziksel arzular.

- Sadece insan toplumunda var olan insan arzuları örneğin, zenginlik, ün ve bilgi arzuları ve bizim dünyamıza ait olmayan benzersiz bir şeyin arzusu olan manevi arzular. Doğaüstü fenomenleri, dini ritüelleri ve aklın ve bedeni geliştirmek için Uzak Doğu tekniklerini araştırmak bu tip arzuları temsil eder.

- Direkt olarak Yaradan'ı amaçlayan manevi arzular. Kabala Yaradan arzusunu diğer arzulardan ayırır. Dünyasal haz arzularına "kalp," Yaradan arzularına "kalpteki nokta" denir.

Arzular, bizi onun taleplerine uymaya zorlayan bilgi taşıyıcı reşimoların yüzeye çıkması sonucu içimizde oluşur. İçimizde, yüzeye çıktıkça uyanan arzuları fark etmemizi sağlayan bir dizi reşimo vardır. İtaat etmemiz gereken bir şeyler olduğunun farkında olmasak da, bu arzuları doyurmaktan başka bir şansımız yoktur. Biz onları algılamadan çok önce bilinçaltının bir yerinden ortaya çıkıp, bilincimize gelirler ve biz onları arzu olarak hissederiz. İstediğimiz tek bir şey vardır, bu arzuları hazla doldurmak.

Yaradan'ın yaratılanlara vermek istediği haz, tek bir özellikle tanımlanır: bütünlük. O eşsiz ve tamdır. O'ndan daha tam olan bir şey yoktur ve yaratılışın amacı mükemmelliği, Yaradan'ın bütünlüğünü edinmektir.

Yaratılışın amacı kalpteki noktayı Yaradan'ın derecesine doğru geliştirmek olduğundan, tüm arzularımız, bu dünyanın arzuları ("kalp" denen) ve Yaradan arzuları ("kalpteki nokta" denen) hem kalite hem de sayı bakımından gelişmelidir.

Kalpteki her noktada bir reşimo dizisi, bir veri ağı ve ruhu en alçaktan en yüksek seviyeye Yaradan derecesine ulaştıran, manevi aşamalar vardır. Ancak Yaradan'ı edindikten sonra bütünlük, benzersizlik, sonsuzluk ve huzur hisleri için bir kabımız olur. Kalpteki nokta üst ışığın etkisi altında gelişir. Noktanın kendisi Yaradan'dan iner. Diğer tüm parçalar bu dünyaya ait olduğundan, Yaradan'ı hissettiğimiz tek yer bu noktadır.

Her yeni reşimo, kalpteki nokta üzerindeki üst ışığın etkisi altında yüzeye çıkar, tıpkı bitkilerin güneş ışığı etkisinde büyümeleri gibi. Kişi doyurulması gereken yeni bir manevi arzu hissetmeye başlar. Dolayısıyla dünyadaki tüm yaşamımız reşimoların farkındalığıdır.

Ruh en yüksek derece Yaradan seviyesinden en aşağıya altı bin derece boyunca iner. Bir derece bir

Michael Laitman

başka dereceyle yer değiştirirken, ruhun içinde bir reşimo bırakır, dolayısıyla kalpte bir reşimo dizisi oluşur. Başlangıçta sadece kalbin arzuları, dünyasal hazların arzuları -yiyecek, seks, aile, para, güç, bilgi gibi- gelişir. Sonra kalpteki nokta gelişmeye başlar ve aniden daha yüksek, tanımlanmamış bir şeye duyulan arzu açığa çıkar. Kişi bu arzuyu doyurmak ister ve başka hiçbir yerde bu tatmini bulamaz. Sonra dünyasal arzularının beş doğal duyuyla giderildiğini anlamaya başlar. Her duyu organı bizim dünyasal bilincimize bir haz dürtüsü iletir. Fakat yeni reşimo, manevi olan, bu hislerle doyurulamaz. O dünyasal hazlarla değil, ışıkla dolmak ister. Bu sebepten dolayı reşimo üst ışığı, Yaradan'ı, edinmemiz için bizi iter.

Işığın doğası vermektir. Eğer kalpteki noktadaki arzu da vermekse, o zaman arzunun yoğunluğuna göre ışık onu doldurur. Bu gerekli bir koşuldur. Arzu ışığa benzer olmalıdır çünkü ancak alma niyeti değil, verme niyeti taşırsa hazla dolar. Diğer bir deyişle, sadece verdiğimiz zaman haz hissederiz. Arzuyla ışığın niteliklerinin eşitliği, bizi tam bir birleşmeye getirir çünkü arzular arasındaki uzaklık aralarındaki eşitlikle ölçülür.

Şimdiye kadar sadece reşimonun doğal gelişiminden bahsettik. Fakat reşimonun gelişimi, idraki ve yüzeye çıkma yolu Kabala çalışmasıyla hızlandırılabilir: değerli bir hocanın rehberliğinde, doğru kitapları ve yaratılış amacını edinmeyi arzulayan bir grup insanla beraber çalışarak.

Görüyoruz ki reşimo, arzular, güçler ve akıl söz konusu olduğunda özgür bir seçimimiz yok. Tek seçimimiz doğru dışsal etkiyle gelişimi hızlandırıp, hızlandıramayacağımız. Yaradan bizi içimizde karakter, doğal nitelikler ve reşimo vasıtasıyla, dışarıda ise aile ve toplum ile etkiler. Bize sadece tek özgürlük alanı bırakmıştır: çevre. Çevremiz vasıtasıyla, gelişimimizi hızlandırabiliriz. Her koşulda amacı edineceğiz fakat bu süreci beraber çalışacağımız doğru insanları bularak hızlandırabiliriz. Dolayısıyla, ilerlemek isteyenler grup içinde olmaya özlem duymalı ve aynı zamanda tüm insanlığı kapsayan grubun bir parçası olmalıdır.

Aşağıdan yukarıya sürecek altı bin dereceyi atlamak mümkün değildir. Her hangi bir hissi atlamak ve deneyimlememek mümkün değildir. Tüm durumlar deneyimlenmelidir fakat manevi hedefi amaçlayan bir toplum, alma arzusunun kötü olduğunu ve bir an önce ondan kurtulmak gerektiğini insanların anlamasını sağlar. Bu şekilde daha çabuk duyularımızın farkına varırız. Yapmamız gereken seçim budur. Arzumuz, Kabala çalışması vasıtasıyla doğal olarak yüzeye çıkan reşimodan daha hızlı ilerlemek olmalıdır.

Michael Laitman

SEÇİM ÖZGÜRLÜĞÜ

Daha önce söylediğimiz gibi, tarih boyunca filozoflar şu soruya cevap aramıştır: "Özgür seçim var mı?" Seçmek kavramını tanımlamaya çalışmışlar ve toplum içinde sadece gelişmiş kişiliğe sahip olanlara sınırlı bir seçme özgürlüğü verildiği sonucuna ulaşmışlardır.

Özgür seçimin, geleceği kontrol edemiyor olmamız sebebiyle sınırlandığını anlamışlardır çünkü her zaman bir kamyonun altında kalma, kötü bir hastalığa yakalanma ya da komaya girme olasılığımız var. Elbette özgür seçimimizin olmadığı bu tip örnekleri görmezden gelebiliriz fakat bu hayatı kolaylaştırmaz. Genetik bilimin ilerlemesi henüz durumumuzu iyileştirmede başarılı olamadı ama asla kaçamayacağımız bir gen dizisine sarılmış olarak kapalı bir kutu içinde yaşıyor olduğumuzun hissini güçlendirdi.

Sonra Kabalistlerce bilimin gelişiminin son aşaması olarak tanımlanan Kabala ilmi geldi ve bu sayede sadece biyolojik genlerimize zincirlendiğimiz değil, birçok yaşam boyunca aklımıza, kalbimize ve ruhumuza yerleşmiş uzun ve süregelen bir reşimo dizisiyle programlandığımızı ve yaşamlarımızı belirleyen şeyin bu olduğunu öğrendik.

Gelişimimizin hızlanmasının bizi muhteşem sonuçlara getirdiğini görürüz: Eğer Yaradan'ı edinme arzumuzun farkına varırsak, acıların ve reşimoların yüzeye çıkma yolunun önünde geçer, hem acılardan hem de reşimolardan bağımsız oluruz.

Bu şekilde reşimolar ve acılardan kaçar, sürücüsünün kamçılarından daha hızlı koşan bir at gibi oluruz. Sadece onlar içimizde uyanmadan önce onları uyandırmakla kalmaz aynı zamanda dıştan gelen baskılardan da özgürleşiriz. Bu sebeple İsrail'in yıldızların üzerinde olduğunu söylenir. İsrail (Yaşar, direkt; El, Yaradan) denilen bağımsız olarak Yaradan'a doğru ilerleyen kişi, kaderden etkilenmez çünkü o Yaradan'ın yönergelerinin önünde giderek dünyayı bağımsızca yönetir.

Reşimoların önünden giderek, sadece gelişim sürecimizi hızlandırmaz aynı zamanda lider de oluruz. Kaderin önünden gittiğimizde, tamamen bağımsız ve özgür oluruz. Kendimizi tüm evrenin üzerinde Yaradan'a eşit olarak hissederiz.

BAĞIMSIZLIK

Yaradan her şeyi yarattı -dünyalar, partzufim, sefirot ve insanlar- yine de tüm bunlar yaratılan olarak kabul edilmez. Yaratılış terimi bağımsız bir arzu geliştiren şeyle ilgidir. Bu dünyada yaşayan insanlar ve onların eylemleri kelimenin tam anlamıyla yaratılmış olarak addedilmez; Yaradan için bağımsız bir arzusu olan, yaratılan olarak adlandırılabilir.

Kişi Kabala çalışmaya yukarıdan getirilir. Ancak maneviyat için ilk bağımsız arzu ortaya çıktıktan sonra, o kişiye "yaratılan" denir. Bariyeri aştığımızda ve manevi dünyanın en düşük derecesini edindiğimizde yüzeye çıkan bu arzuya ruhun başlangıcı denir. Bu seviyedeki ruha, ima (anne) denilen manevi partzufun bedenindeki "embriyo" denir.

Bağımsız arzuya sahip olmayan insanlar, "robotlar" gibi kalır. Onlara ödül veya ceza yoktur, özgür seçimleri olmadan tamamen Yaradan tarafından yönetilirler. Yaradan, onların sadece kendileri için haz alma arzularından, egolarından kaynaklanan acılarını çoğaltarak, onları zorlar. Acının deneyimi onları egoizmin kötü olduğunu anlamaya ve Yaradan'ın yardımıyla maneviyatı seçmeye teşvik eder.

Karakterin kişinin manevi seviyesi üzerinde bir etkisi yoktur. Herhangi bir eylem arzumuzun yönüne bağlı olarak manevi veya egoist olabilir. Önemli olan eylemin kendisi değil, içindeki niyettir.

ACININ YOLUNDAKİ RUHLAR

İnsan kompleks bir bedenle yaratılmıştır ve bu dünyada yaptığı şey onu etkiler. Dolayısıyla yaptıklarımız önemlidir. Eylemin kendisi özünde tamamen "kötü" olsa da, Yaradan niyetiyle yapılanlar manevi bir eylem olarak kabul edilir.

Ne var ki, kaçınılmaz olarak yaptığımız her şey bizi yaratılış amacına götürür. Yaşamda çektiğimiz acılar boşuna değildir, fakat onlar birikir ve doğru zaman geldiğinde bizim faydamız için çalışır. Bu yıllar içerisinde yavaşça gerçekleşir ve biz onun bilinçli olarak aktif bir parçası olmayız. Uzun acı yolunu kısaltmak için Yaradan daha az acı çekerek doğru hedefe bizi yönlendirecek manevi metodu vermiştir.

Son yüzyılda özel ruhların dünyamıza inmesinin başlamasıyla bu ruhlar belli miktar acıyı toplamışlardır. Bu ruhlar acının yolunu seçmiş, kötülükleri biriktirmiştir ve şimdi bu acılar Kabala ilmi özlemine dönüşmüştür. Gelecek yaşamlarda bu ruhlar Kabala ilmine daha yoğun bir şekilde yönelecekler ve bir ya da iki ay gibi bir sürede muhteşem sonuçlara ulaşacaklardır çünkü bunun için yeterli arzuyu oluşturmuşlardır. Eğer kişinin yeterli arzusu varsa ve Kabala'ya tek bir amaç için odaklanıyorsa, üç ya da beş yıl içinde manevi dünyaya girer.

Kalbimizde yatan bu amaç için farkında olmadan dua ederiz çünkü kalpteki arzu zaten bir duadır. Duanın rolü kalbimizi Yaradan'ı hissetme özlemine hazırlamaktır. Dolayısıyla bu özel duaya "kalbin çalışması" denir; hazırlık kalpte olur. Özel bir çalışma vasıtasıyla kendimizi doğru arzuyu uyandırmaya hazırlayabiliriz.

Haz almaktan sakınmamalıyız, fakat onları almayı isteyelim ya da istemeyelim, kalp onları ister. Bir şeyi kalbe dayatmak imkânsızdır. Sadece çeşitli araçlar kullanarak kendimiz üzerindeki etkin bir çalışma vasıtasıyla, kalbin arzularının yönünü maneviyata doğru çevirebiliriz. Şimdiki derecemizde bireysel bir haz için olsa bile, "Yaradan'ı hissetmeyi istiyorum" diyebilmeliyiz. Arzu tam olmalıdır çünkü ancak bundan sonra istenilen sonuçları elde edebiliriz.

Yaradan bize akılsal ve fiziksel acılar gönderir. Psikologların ve doktorların acımızı hafifletmesinin tek yolu, insanları iletişim kurmaya, işbirliği yapmaya ve birbirini desteklemeye yönlendirmeleridir. Tüm bunlar işe yarar çünkü ruhlar tek kolektif ruh olarak bir araya gelmek ister.

Hiçbir koşul altında acıyı geçmiş olayların cezası olarak görmemeliyiz. Aksine acı yaratılış düşüncesini edinmemiz için bizi doğru yola getiren Yaradan'ın takdiridir. Eğer kişi acıları iyi değerlendirip, onların yukarıdan gelen cezalar olmadığını zihinsel olarak anlar ve onları deneyimlerse, ilerler.

Ancak, acıyı hissetmiyor oluşunuz, doğru yolda olduğunuz anlamına gelmez. Aksine Yaradan'ın sizden özel bir şey talep etmediği, sizi belli bir yöne itmediği bir aşamadasınız demektir. Acı hissetmemek zamanınızın gelmediğinin işaretidir.

Kabala çalışmaya yaşam bizi ona getirdiği için geldik. İlk aşama -öğrenmeye ısrar etmek- bağımsız bir karar değildir çünkü bu noktada halen daha yukarıdan gelen itişin etkisini hissederiz. Fakat çalışmanın devam etmesi, bizi neyin buraya getirdiğinin farkına vararak bağımsız çabamıza bağlıdır.

Her ruhun bu dünyada belli bir görevi vardır. Bazıları bu dünyadan erken ayrılmalarına neden olan özel bir amaçla gelirler. Otuz-altı yaşında arkasında muazzam sayıda yazı bırakarak vefat eden Kutsal Ari böyle bir ruhtu.

Adam HaRişon derecesinden, ruhların bu dünyaya düşüşünde düşüşün tüm derecelerinin bilgisi ruhlara işlenmiştir. Bu ruhlar bu dünyanın bedenleriyle kılıflanır ve bu dünyadan, düşmeye başladığımız noktaya geri dönmemiz için bizi zorlar.

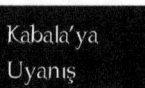

Michael Laitman

REALİTEYİ DEĞİŞTİRMEK

Arzularımız üzerinde güç kullanabilir miyiz? Onlarla savaşmalı mı yoksa savaşmamalıyız? En önemlisi de yaşamda bize verilenleri önceden bilebilir miyiz? Tüm bunların cevabını, ne yapmamız ne yapmamamız gerektiğini belirleyen şey manevi gelişim derecemizdir. Elbette kendi başımıza hiçbir şey yapamayacağımızı ve kendimizi çalışmaya başlamamız gerektiğini anlamamız önemlidir. Arzularımızla beraber bize verilen aklın sebebi budur.

Her şeyi kelim'in (kapların), duyguların içinde ediniriz. Dünyamız duyularımızdan aldığımız izlenimlerdir ve biz realiteyi bu şekilde algılarız. Duyularımız değişse ya da onlara başka bir duyu ilave olsa, dünyamız da buna göre değişir. Dolayısıyla duyularımızı değiştirip, yeni duyular edinerek bu dünyadan başka dünyalara yükselir ve dünyamızı genişletebiliriz. Bu şekilde içinde olduğumuz realiteyi değiştirebiliriz.

ACI VE TATLI, GERÇEK VE YANLIŞ

Manevi dünyada her şey çift olarak vardır: haz ve onun eksikliği, gerçek ve tatlı, yanlış ve acı. Gerçek daima tatlı, yalan acıdır ve bunlar birbirlerine karşılık gelir. Fakat bu durum bizim dünyamızda mevcut değildir. Yanlış acı değil, gerçek tatlı değildir. Bu dünyada sürekli olarak vermek zorunda olduğumuz kararlarla yüz yüze kalırız: tatlı fakat sahte olan ya da acı ama gerçek olan yol arasında seçim yapmak.

İçimizde yüzeye çıkan arzuları reddedemeyiz. Aklımız gerçek ve yanlış arasındaki farkı bilirken, bedenimiz sadece acı ve tatlıyı ayırt edebilir. Fakat endirekt de olsa bu dünyada iyi olarak düşündüğümüz şeylerin aslında kötü olduğunun idraki için çabalar ve o tatlılığın içindeki acıyı hissederiz. Bu şekildeki entelektüel bir seçim bedenin seçimlerini değiştirmeye yardımcı olur. Örnek olarak küçük yaşlardan itibaren sigara içmekten hoşlanan bir insanı düşünün, bu kimse sadece sigaranın ona vereceği zarara ikna olduğu zaman sigarayı bırakır ve sonra sigara içmek onun için acı hale gelir.

Bu karmaşıklık ilk insanın günahıyla yaratılmıştır. Atzilut dünyasında acı ve tatlı, gerçek ve yanlış arasında direkt bir bağlantı vardır. Bu dünyadaki acılar gerçeği, özgeciliği, ihsan etmeyi ve Yaradan'a yakınlığı belirtir. İlk insanın günahından ve ruhunun kırılmasından sonra, kırılma Atzilut dünyasının altına düştü ve öyle bir karıştı ki, yanlışlık tatlı, gerçek acı hale geldi.

Kişi maneviyata üç yoldan yükselir: sağ, sol ve orta çizgi. Sağ çizgi ışığı, sol çizgi arzuyu, orta çizgi ise arzuyu ıslah eden perdeyi temsil eder. Dolayısıyla birlik içinde, "Yaradan için yaşamak" mutluluğuyla, sadece "kendim için" yaşamanın acılığının birleştiği Atzilut dünyasına ulaşana kadar, sürekli olarak çizgiler arasında hareket etmeliyiz.

KABALA'NIN SOSYAL İÇERİĞİ

Kabala çalışmaya başlayan insanlar sıklıkla bu yeni ilgi alanı için kendilerini mahcup hissederler. Durum böyle olmamalı ve hatta aileleri bununla ilgili rahatsızlık duymamalıdır çünkü Kabala çalışmak dünyanın yapısını, yaratılış sistemini çalışmak demektir. Bugünlerde bu teorik bir çalışmadır fakat yakın zamanda Kabala çalışanlar aktif olarak kendileri ve aileleri yararlarına dünyayı değiştirebilecek.

Dolayısıyla, aile içinde çekişmeye gerek yoktur. Akrabalarımızın rahat hissetmedikleri hiçbir şeyi yapmak zorunda olmadıklarını anlamak önemlidir ve bu nedenle bu tür bir çalışma için kimse zorlanamaz. Kabala ilmi çalışması, etraflarındaki dünyanın daha derin bir anlayışını deneyimlemek isteyenler içindir ve bu çalışma onların davranış şeklini belirleme, doğru eğitim alma seçimini yapmalarına ve doğru adımlar atmalarına olanak verir. Kabala, eylemleri tartışmaz ve insanları dine çekme amacı gütmez. Kabala yaratılış doğasının daha derin bir anlayışı ve hayatın anlamını ile ilgilidir.

Etrafımızdakilere böyle bir baskı kurulmamalı, aksine siz ve aileniz arasında bir ara yol bulunmalıdır.

Michael Laitman

Ailenizin yaptığınız her şeye saygı duyması için bu yolda karşılıklı olarak ödünler verilmelidir.

YARADAN'LA BİRLEŞME

Birisine yakınlık duyduğumuzda, o kişiyle gerçek bir ilişki kurmasak da hemen neşeyle dolarız. Yaradan sevgimiz dünyasal sevgi gibidir. Fakat O'na duyduğumuz çekimle yetinmemiz için, Yaradan aşağıda, birlik eksikliği içinde olduğumuz hissini bize verir. Eğer Yaradan bunu yapmamış olsaydı, gerçekte hiçbir şey edinmeden sadece arzunun hazzıyla yetinirdik. Yaradan arzusuna eklenen bu aşağıda olma hissi, bizi manevi çiftleşmeye ve Yaradan'la birleşme seviyesine yükseltir.

Atalarımız şöyle der: "Aklın yapamadığını zaman yapar." Baal HaSulam bunu şöyle yorumlar: "Zaman durumlar toplamıdır ve birbirinden günler, aylar, yıllar gibi sebep ve sonuç ilişkisiyle ayrılır." Yaradan bize verilen tüm durumları bir araya getirir ve toplar. Manevi sevgiye, çiftleşmeye yeterli bir arzu duyana kadar, hoş olmayan olaylarla bizi sarsar.

Bu sebeple ruh geldiği köke tekrar tırmanabilmek için üst dünyadan bu dünyaya inip, bedenle kılıflanır. Fakat tek bir döngüde sonsuz birleşmeyi edinemez; bu aşamalarla gerçekleşmelidir. Bu birleşme bedenin hem dünyasal hem de manevi engellerine rağmen var olmalıdır. Bedeni ıslah etmek için engelleri göründükleri haliyle değil daha ziyade Yaradan'la bağ kurmamıza yardım edecek katalizörler gibi görmeliyiz.

Özellikle engelleri hissedip onlarla kahramanca mücadele ederek, Yaradan arzumuzu yükseltebiliriz ki böylece bir kez daha ruh, bedenlenmeden önceki birliğe aynı güç ve yoğunlukta erişebilsin. Yaradan'la bizim aramızdaki birlik, bu bağı arama mücadelemizle güçlenir.

Her zaman Yaradan'la aramızda bir ilişki vardır fakat O'nun sevgisini hissedebilmemiz için önümüze beden -Yaradan'dan uzak hazların arzusu- denilen engeli koyar. Yaradan'ın bize olan sevgisini gerçekten anlamak için düşüncelerimizle bedenin engellerini uzaklaştırmalıyız. Diğer bir deyişle, bizi Yaradan'ı bilme arzusundan uzaklaştıran her hazzın kötü olduğunu anlamak zorundayız. Engellerle mücadele ettikçe O'na karşı yeni bir his ediniriz.

Yaradan bize olan her şeyi, neyden ne kadar deneyimleyeceğimizi ve O'nunla bütün gücümüzle birleşme arzumuzun zamanını belirler.

Yalnızca birleşme aşamasına ulaştığımızda, en aşağıdan en yüksek manevi dereceye ulaştığımızda, Yaradan'ın bize gönderdiklerini anlayabiliriz. Yaşamda başımıza gelenlerin Yaradan'ın sevgisi ve bizimle birleşme arzusu nedeniyle olduğunu idrak ederiz. Bunun karşılığında Yaradan için sonsuz ve sınırsız bir sevgi duyarız.

Fakat ruh ışıkla dolmadığında mutsuzluk hissi artar çünkü arzu henüz dolmamıştır. Bu sebeple insan birleşme arzusu ölçüsünde acı ve ızdırap hisseder. Yaşamın her aşamasının başlangıcında, kendimizi başımıza gelen her şeye karşı doğru yönlendirmeliyiz. Önce, "ben" ve "benim" etrafımda olan şeyler hissini

Michael Laitman

Kabala'ya
Uyanış

edinmeliyiz. Sonra çevreden gelen baskının bir sebebi olduğu ve bu çevrenin tanımlanmış bir amaca ve plana göre akıllıca ve maksatlı olarak işleyen bir üst güç olduğunu anlamalıyız. Yaradan ne yaptığını ve neden yaptığını bilir, ama biz bilmeyiz. Tek yapmamız gereken her şeyin bizim yararımız için yapıldığını anlamamızdır.

Yaradan ve yaratılan yeni bir bağa zorlanır. Her durumun Yaradan'dan geldiğini görmeye çalışırız; böylece Yaradan bize engel olması için yeni düşünceler göndermeye devam eder. Aklımıza gelen her yeni düşüncenin, birleşme amacı edinmemiz için Yaradan'dan gönderildiğini anlamalıyız. İyiyi, sonsuzluğu ve mükemmelliği aramalıyız. Ruhumuz sadece Yaradan'la birleştiğinde doyuma ulaşır.

Olan her şeyde, Ben, Yaradan ve aramızda özel bir durumun olduğunu keşfetmeliyiz. Her şey, O'nunla birlik kurmamız için yaratılmıştır. Önceleri bunlar sadece düşüncelerdir. Sonrasında, his ve duyuya dönüşürler. Sonunda tüm bedenin yani arzuların, düşüncelerin, manevi, dünyasal sistemlerin ve tüm dünyaların artık gizlenemeyeceğini keşfederiz. İnsanlık ve Yaradan arasındaki perdeler ve engeller kalkar. Engeller, gizlilikler hissedilir ve bedenin tüm sistemi bizim için içsel bir sistem haline gelir ve Yaradan'la bağımız güçlenir. Her şeyden önce, bedenin amacı ayrılık değil birliktir. Kaplarımızın bozukluğunun sonucu olarak, onları dışsal olarak hissetsek de, tüm dünyaların içimizde olduğunu bilmek önemlidir.

Partzfun (ruh) en önemli kısmı köküdür ve buna "ruhun kökü" denir. Sonra (içeriden dışarıya), neshama

Michael Laitman

(ruh); guf (beden); levush (kıyafet); heyhal (tapınak, saray); ya da Adam, levuş, bayt, hatzer, midbar (Âdem, kıyafet, ev, avlu ve çöl) denilen katmanlar gelir. Bu şekilde manevi edinimin, aşamalı olarak edinildiğini görürüz. Şimdiki realite anlayışımız kabımızın ve ruhun arzularının düzensiz olmasının ve ikinci kısıtlamanın sonucudur.

Bu dışsal kaplar -bayt, hatzer ve midbar- içimizdeki dış dünya hissini yaratır. Dışsal olarak algıladığımız her şey ıslahın sonunda, içsel olur ve algıladığımız dünya kaybolur. Baal HaSulam, tüm dünyaların içimizde var olduğunu yazar. Islahın sonunda tüm dünya içimize "girer"; dünya, Yaradan'ın mevcudiyetini hissettiğimiz içsel bir varlık olur.

En önemli şey her an, her durumda en aşağı derecede bile, Yaradan'la teması korumaktır. Baal HaSulam insanın en büyük cezasının, hayatın kaynağından kopukluk demek olan Yaradan düşüncesinden bir an için bile olsa uzak olmak olduğunu yazar.

Yaradan'la bağ, engeller vasıtasıyla güçlendirilebilir çünkü kişi iyi hissettiğinde bu hisse bağımlı olur ve bu hissin kaynağını düşünmeyi unutur. Fakat kendini kötü hissettiğinde onu yok etmek için hemen kaynağı aramaya başlar.

Önceleri Yaradan amaçlı olarak korku, güvensizlik, sıkıntı ve eksiklik hislerini gönderir. Fakat bu sürecin ilk kısmıdır -baskı. Bu negatif hislerin üstesinden gelmek için Yaradan'a yaklaşırız. Bir zaman sonra aşk acısından uyumayana kadar Yaradan'ı bağımsız olarak istemeye başlarız. Bu dünyasal-egoist sevgidir ve

kesinlikle gelmemiz gereken bir aşamadır; bu aşamaya Lo Lişma (O'nun için değil) denir.

Bariyerin altında maneviyatı edinmeden önceki tüm Lo Lişma (hazırlık) aşaması, arzularımızı yani Yaradan için duyulan bencil arzu kaplarını arttırmak için gereklidir. Ancak bundan sonra zıt koşul, Lo Lişma'dan, Lişma'ya (O'nun için), egoizmden özgeciliğe, alma arzusundan ihsan etme arzusuna geliriz.

İÇSEL ÇALIŞMAYLA REALİTEYİ DEĞİŞTİRMEK

Realite eğer Yaradan'la ilişkimizi güçlendirirsek değişir, o zaman bizi köke döndürmek için yukarıdan amaçlı olarak gönderilen acılara gerek kalmaz. Dolayısıyla dışsal koşullar değişir.

Bazıları bağ kurması amacıyla Yaradan tarafından fazlaca sıkıştırılır. Bazılarına ise Yaradan farklı davranır, yavaşça onları Kendine döndürür. Bu şu şekilde tarif edilebilir: birey piramidin tepesindedir, en altta ise çoğunluk vardır, bu sebeple ona farklı davranılır. Birey amacı geliştirirken, çoğunluk kolektif arzusunu ona ekler. Bu yüzden her ikisi de yaratılış düşüncesinin bir parçası olmalarına rağmen, çalışmaları çok farklıdır.

İnsanlar dünyadaki değişimlerin neden ve nasıl gerçekleştiğini anlamaz. Fakat çektikleri sıkıntılar onları bilinçsizce bir üst güç arayışına ve dua etmeye getirir çünkü güvenecekleri başka bir şey yoktur. Bu dünyasal dua işe yarar. Acıları kullanarak, Yaradan bizi kazananın olmadığı durumların içine iter ve yaşamak için alternatif bir gezegen aramaya başlayana kadar bizi köşeye sıkıştırır. Fakat böyle bir gezegen Yaradan'dan başka hiçbir yerde yoktur.

Her şeyin köke dönmek zorunda olduğunu söyleyen yasa nedeniyle ölüm, hastalık ve felaketler yaşamımızın önemli bir parçası haline geldi. Bu engeller ruhun kökünden ayrılması sırasında oluşur. Bu engeller bizi gittikçe daha kaba ve egoist yapan aşağıya inen merdivenin basamaklarıdır. Dolayısıyla bu engellerin, bu niteliklerin etkisiz hale getirilmesi ancak ruhun köke geri dönmesiyle mümkün olur. Egoizmi etkisiz hale getirmenin tek bir yolu vardır: ölüm, hastalık ve mutsuzluğu engel olarak tanımlamak. Bu idrak içinde olduğumuzda, kendimizi dünyanın merkezine doğru çekmeye başlar ve kökümüze tekrar bağlanırız.

Bu daha önce bahsettiğimiz form eşitliği yasasıdır. Manyetik bir alandaki metal parçası gibi ruh da Yaradan'la birliğin en yüksek derecesine çekilir. Tam bir birleşmenin dışındaki her varoluş aşaması geçicidir ve bizi aynı yöne götürür. Bilinçli olalım ya da olmayalım başlangıç aşamasına çekiliyoruz. Sürecin farkında olduğumuzda ve her şeyi gerçekte olduğu gibi gördüğümüzde süreç hızlanır.

Kişilik özelliklerimizi değiştiremediğimizden, sadece form eşitliği yasasıyla hareket etmeye özlem duymayı değil, bu yasaya uygun olarak içimizdekileri değiştirmeyi de istemeliyiz. Sahip olmadığımız yüksek nitelikler edinmenin yolu, daima "mantık ötesi," yani aklın ötesi, prensibine göre hareket etmektir. Bizim dünyamızda bunun bir örneği yok çünkü bizler

Yaradan'ın aklını edinemeyiz. Yapabileceğimiz tek şey sahip olduğumuz aklı geliştirmektir. Fakat manevi dünyada bir şifre vardır: insan aklı Yaradan'ın aklıyla yer değiştirir. Bu yavaş ve aşamalı bir süreçtir. Her derecede kişi kendi aklını kullanmak yerine, Yaradan'ın aklının bir kısmını edinir. Bu sebeple her aşamada kişi kendi aklını silip onu Yaradan'ın aklıyla yer değiştirmek için çalışmalıdır. Bize yardım etmesi için, Yaradan aklımızla anlayamayacağımız, kabullenemeyeceğimizi bir dünya imajı gönderir ve biz onu Yaradan tarafından gönderilen bir resim olarak görürüz.

Diğer bir deyişle, bu görüntüyle, dünyanın şimdiki görüntüsü arasındaki farklılık, olayların bizim değil Yaradan'ın aklına göre çözümlendiğini anlamamızı sağlar. Dolayısıyla, insanların akıllarını değiştirmekten başka bir seçimleri yoktur bu şekilde önlerinde açılan dünya resmini kabullenirler.

Bu şekilde ilerleyen insana "erdemli" denir çünkü onun gelişim araçları her durumu Yaradan'a göre değerlendiren, kendini ıslahtır. Erdemli kişi Yaradan'ın haklı olduğunu düşünen kimsedir. Eğer kişi yaşamda tatminsizlik hissinin farkındaysa, aslında o Yaradan'ı lanetliyordur ve yaşamdaki bu tatminsizlik, onun özüyle tatminsizliğe eşdeğerdir. Yaradan'ı lanetlemek kişiyi acıtır ve tek bir şey ister: her durumda Yaradan'a hak vermek.

Bnei Baruch Eğitim ve Araştırma Enstitüsü

Kabala'ya
Uyanış

Michael Laitman

KENDİMİ VE DÜNYAYI ISLAH ETMEK

Alıcılarımız rafine değildir. Bedenlerimizin içinde neler olduğunu örneğin, yeni hücrelerin doğuşunu ya da moleküler çarpışmaları hissedemeyiz. Dolayısıyla, bir şeyler hissetmeye başlamamız için birçok değişiklik olmalıdır. Herhangi bir his içimizde yaratılmadan önce milyonlarca çark dönmeli, tüm mekanizma biz onları hissetmeden önce ıslahı gerçekleştirmelidir.

Kabala çalışması ruhumuzun farklı seviyelerinde, henüz hissetmediğimiz alma arzusu niteliklerinde çalışır. Kişi okur ama hiçbir şey anlamaz ve çalışmaya devam etmek için bir sebep görmez. Böyledir çünkü çalıştığı metin onun his sınırının altındaki nitelikler üzerinde işler. Bu tıpkı bir bardak su dolduran kişinin, suyun en üst noktasını içmeden önce, neden önce bardağın dibinin doldurulması gerektiğini merak etmesi gibidir. Diğer kısımlarla ilgilenmek için bir sebep yokmuş gibi görünür.

Alma arzumuz Kabala çalışması ile ıslah edilir. Çalışma ruhun farklı seviyeleriyle, bardağın dibi kap ve arzuyla ilgilenir. Onlara dokunamayız, içemeyiz ve onlar en üste çıkana kadar gerçek tatlarını alamayız.

Fakat kişi gittikçe hissetmeye başlar. Bu yavaş bir süreçtir çünkü alma arzumuz, egoizmimiz çok derin ve karmaşıktır. Yavaşça ışığa uyum sağlarız, alma arzusu içindeki niteliklerin sayısı ışığınkilerle uyum sağlar. Dolayısıyla, ne çalıştığımızı anlamasak bile, anlamak amacıyla değil, ışığın niteliklerini edinme niyetiyle çalışmaya devam etmeliyiz.

Michael Laitman

Kabala'ya Uyanış

Bu niyet ve ışığı edinme arzusu olmadan hiçbir şey kazanılmaz. Çalışmanın gücü ve ışık bizim niyetimizin ve arzumuzun gücüne göre üzerimizde işler. Bu ifşa yavaş ve aşamalı bir süreçtir fakat hissettiğimiz her şeyi "Hayatımın anlamı ne?" sorusuna bağladığımızda, diğer tüm sorular kendi içinde cevaplanmış olur.

İnsan arzusunu ve amacını ıslah ederse, onun alt seviyesindeki tüm yaratılanlar -hayvan, bitkisel ve cansız- farkında olmadan bu yükselişte yer alırlar. Bu yükselişi hissetmezler çünkü bu sadece insan derecesinde hissedilebilen bir şeydir. Fakat ışığın genel etkisi yaratılışın her seviyesinde hissedilir.

Yaratılışın diğer parçaları yaşam anlamını sorgulamaz fakat insan kendini ışığa bağlama niyetiyle Kabala kitaplarını çalışarak, yaratılışın diğer kısımlarını da ıslah edip kendine bağlar. Bu sebeple doğayı içimizde hissederiz. Örneğin dağların üzerinde uçarken onların muazzam sessizliğini ve Yaradan'ın ifşasının beklentisini hissedebiliriz.

Doğanın tüm parçalarını bizimle beraber yükseltiriz. Alma olduğu kadar verme amacı taşıyan tek varlık olduğumuzdan ve kendimize "Ne için yaşıyorum?" sorusunu sorduğumuzdan, dünyanın tek ıslah kaynağı biziz. Dünya bize göre değişiyor: eğer iyiye doğru azda olsa değişirsek, dünya da değişir. Bu değişimler o kadar küçüktür ki onları fark edemeyiz.

Güç, arzunun dışsal göstergesidir. Bir şey istediğimde, ısrar eder, iter ve çekerim, istediğim şeyi elde etmek için her şeyi yaparım. Yer çekimi, elektromanyetik enerji ya da kimyasal bağlar gibi doğa güçlerinden bahsettiğimizde, iki şey görürüz:

almak isteyen, çeken güç ve vermek isteyen, iten güç. Bunlar doğadaki iki güçtür ve diğer her şey ikisinin birleşimidir.

Manevi dünyada sadece yaratılan ve Yaradan vardır. Yaratılan, Yaradan'a verme arzusudur ve Yaradan, yaratılana verme arzusudur. Diğer yaratılanların özgür seçimi yoktur ve bu nedenle onlara "melekler" denir. Bizim işimiz alma arzusu ya da özgür seçimleri olmayan melekleri toplamak ve onları bu arzuları ıslah etme özgürlüğüne sahip olanlara eklemektir.

Bu noktada şu soruyu sormalıyız: Eğer arzu bu kadar güçlüyse, o zaman doğanın tüm ıslahını gerçekleştirmiş olan Kabalistler neden tüm doğayı yönetmez? Bunun cevabı elbette bunu yapabilmeleridir. Bir Kabalist kendi doğasını ıslah etmiş ve yaratılışın yüksek derecelerini edinmiş, dünyanın nasıl yönetildiğini ve hangi yasaların işlediğini bilen kişidir. Kabalistler bu yasaları kabullenirler çünkü kendilerini ıslah etmişlerdir ve bu yasaların varlığını arzunun gücüyle devam ettirirler. Bu Kabalistlere doğayı yönetme izni verir.

Michael Laitman

Kabala'ya
Uyanış

DÜNYANIN ÜZERİNE YÜKSELMEK

Biz de dahil yaratılışın tüm parçaları, ihsan etme (İbranice şefa –cömert- kökünden gelen, haşpaa) niteliğine sahip Doğa ya da Yaradan dediğimiz güç tarafından yönetilir ve yaşamları devam ettirilir. Bir Kabalist ıslahın belli bir derecesini edindiğinde ve belli miktar ihsan etme yani verme arzusu elde ettiğinde, doğanın yönetimine katılabilir. Konuşma derecesinde olan Kabalist, derecesine göre cansız, bitkisel ve hayvansal derecelere de dâhil olur ve doğa yasalarının değişimini sağlar. Kabalist sayesinde doğa daha merhametli hale gelir.

Bir Kabalist, ıslah olma durumlarına göre diğer ruhları yükseltebilir. Bir Kabalistin başkaları üzerindeki etkisi, ruhunun derecesine bağlıdır yani ilk insanın ruhunun hangi kısmından -roş (baş), guf (beden), raglayim (ayaklar) ya da diğer kısımlar- geldiğine bağlı olarak, onları etkiler. Bir Kabalistin ıslah derecesi büyük ölçüde ruhların yükselişini ve ıslahını etkiler. Kabalistler bu şekilde dünyaya yardım eder.

Üst ışık ne kadar aydınlatırsa, daha çok kişi doğruyu yanlıştan ayırır. Tıpkı bir fener ışığı kullanarak yürüyen ve ancak ışığın uzandığı yeri görebilen bir insan gibi, egoizmimizde doğruyu yanlıştan ayırmaya başlar. Diğer bir deyişle, kendi gerçek doğamızı, ne kadar kötü olduğumuzu görmek ve bunları ıslah etme ihtiyacı hissetmek, sadece Yaradan'ın bize ifşa olan kısmının derecesine göre gerçekleşir. Eğer Yaradan'ın Kendini bize ifşa etmesi için dua edersek, kendimizi olduğu gibi görür ve ıslah ederiz, çünkü o zaman bu dua O'nun cevapladığı bir dua olur.

Sorun, Yaradan'ın bizim yakarışımızı duymayacağını kabul etmememiz oysa her şeyin bir sebebi var! Yaradan bu cezalarla ıslahı edinmemizi ister. Bunu anlamalı ve şöyle cevap vermeliyiz: "Bana zorluk vermekte haklısın. Böylece içimdeki kötülüğü gördüm. Ancak kendimi nasıl düzelteceğimi görme fırsatını bana ver." Bu özellikle Yaradan'ın beklediği, bizim de yapmak zorunda olduğumuz duadır. Yakarışlarımız ıslaha yönelik olmalıdır. Bu idrake gelebilmek için Kabala çalışmamız gerek.

Dünyada tek bir arzu var: yaratılanlara haz vermek. Tek bir amaç var: yaratılanların sonsuz hazzı hissetmeleri. Yaradan'ın benzersiz düşüncesi dünyada var olan tek şey; o her şeydir ve her şey ona hizmet eder. Bu bakımdan tek bir yasa vardır -yaratılışı, Yaradan'a, ışığa, hazza döndürmek.

Kendiniz için haz istediğinizde, bunun ıslah yoluyla elde edeceğinizi anlamalısınız. Dolayısıyla, Yaradan'dan iyilik istemek yerine, ıslahımızı istemeliyiz. Bu ıslah vasıtasıyla hazzı elde ederiz. Kişi acının ıslahını talep etmeye geldiğini anladığında, aslında ıslah başlamış olur. Bu ilmi aşamalı olarak elde eder, sonucunda da kendimizi değiştiririz. Acıyla aramızda bağlantı kurmadan önce bu acıyı bize kimin ve neden gönderdiğine bakmalıyız. Izdırapları, onlar olmadığında Yaradan'a dönmeyeceğimiz araçlar olarak algılamalıyız.

Kötü hislerin üzerine çıkmalı ve aklımızı kullanmaya başlamalıyız. Neden kötü hissettiğinizin ve hayattan darbeler aldığınızın muhasebesiyle işe başlayın. Kuşkusuz bu sorunları size gönderen yüce

bir güç var. Amacının ne olduğunu kendinize sorun. Bu noktada kızgınlık hissetmeye başlayabilirsiniz: "Bu Senin yaratılanlara haz verme arzusu dediğin şey mi? Bana gönderdiklerinden daha kötüsü yok!" Kişi bu soruları sormaya başladığında, her şeyin bir sebebi olduğunu anlayıp, acının ötesine geçer. Bu noktadan sonra kişi kendini islah etmeye başlar ve durumunu iyileştirir.

YENİ BİR BİLİNÇ

Dünyanın değişmesi için, toplum duyguların üzerinde yeni bir bilinçlenme olmalıdır. Duyguların yanı sıra dünyayla ilişki kurmak için başka bir sebebimiz olmalı. İyi ve kötüyle bağ kurmamız, kötü hissettiğimizde bunun bir amacı ve sebebi olduğunu anlamamız için bir nedenimiz olmalı. Toplum "kötü hissetme" ya da "iyi hissetme" döngüsüne sıkışmıştır. İnsanların şu soruyu sormaya başlaması binlerce yıl alabilir: "Neden bu bana oluyor?"

Amacımız şimdiki aşamamızın bizi nereye götürdüğünü anlatmak. Baal HaSulam'ın yazdığı gibi, "Din insanların iyiliği için değil, emek verenin iyiliği içindir," yani dinin amacı insanlara ya da Yaradan'a fayda sağlamak değil, islah olmak için çalışan insanlara yarar sağlamaktır. Tüm dünya bu amaç için yaratılmıştır. Fakat eğer size olanları sadece "iyi" ya da "kötü" hisleriyle yargılarsanız, cansız, bitkisel ya da hayvan derecesinde kalır ve tamamlamak zorunda olduğunuz konuşan seviye derecesine asla ulaşamazsınız.

Kabala'ya Uyanış

Michael Laitman

Yaradan bizi unutmaz. Dünyaya her gün daha fazla ızdırap eklenir. Tek sorunumuz, acı hissinin üzerindeki bir şeye bizi uyandırmak için gönderilen ızdırapları idrak etmeden önce daha ne kadar acı çekeceğimizdir. İnsanlar yapılacak bir şey olmadığını düşünür ve bu, yaşam için ödediğimiz bedeldir. Fakat bu eğilim acıların sebebinin idrakinden kaçmaktan başka bir şey değildir. Bunun bize neden olduğunu sormak yerine bunun bir amacı olduğunu kabullenmek için kendimizi sakinleştirmeliyiz. Oysa yaptığımız şey acı hissini azaltmaya çalışmaktır. Her gün insanlar ölür ve biz yine de bununla başa çıkmanın yolunu buluruz. Bugün olan şey budur. Bu şekilde davranmak, tehlike anında başını kuma gömen devekuşunun durumuna benzer. Bu tip eylemler artık bir strateji haline geldi. Politikacılar kendi dar görüşlülükleri ve anlayış eksiklikleriyle övünürler.

Dünyadaki acı sebebiyle endişelenen kişi, ruhu başkalarından daha gelişmiş olması bakımından farklıdır. Dolayısıyla, acıların -bizim üst güçle birlik olmamızı talep eden- bir sebebi olduğunu başkalarına açıklamak, bu insanların görevidir. Yaradan'ın bizi ıstıraba iyiye yaklaşmamız için getirdiğini anlamamız önemlidir. Acı ve egoizm yerine, amacı düşünmeye başlarsak tüm sorunları çözmeye başlayabiliriz.

Michael Laitman

MANEVİ DERECEKİ İNSANLIK

Manevi kıvılcım, ne kadar sizin görüşünüzden saklı olsa da içinizde uyandığı anda, hayatınızla ilgili doyumu bir kenara bırakırsınız. Paranın, ünün, seksin, yiyeceğin, gücün ve bilginin ötesinde istediğiniz şeyi nerede bulacağınızı bilmeden bir şeyler aramaya başlarız. Bu, etrafımızı çevreleyen şeylerin ötesinde bir şeyler olduğunu ilk hissettiğiniz andır. Bu kıvılcım daha sonra gelişerek, Yaradan'la birliğe gelmek arzusuna dönüşür.

Tüm bu yolculuk sırasında kişi diğer yaşam formlarından ayrılarak, Yaradan'a tutunma arzusu hisseder. İnsanlar içlerinde cansız, bitkisel ve hayvansal dereceleri barındırır fakat bu özel arzumuzun derecesi Yaradan arzumuzun yoğunluğuyla ölçülür.

Panim Meirot Umasbirot (Aydınlatan ve İyi Karşılayan Yüz) kitabında Baal HaSulam, "insan" olarak adlandırdığımızın dışındaki tüm arzuların, arzulanan nesneye göre ölçüldüğünü yazar:

• Cansız seviyede, arzular yiyecek, seks ve aile yani bedensel hazlardır.

• Bitkisel seviyede, arzular para ve güvendir.

• Hayvansal seviyede, arzular güç, kontrol ve saygıdır.

• Konuşan seviyede, arzular maneviyata yöneliktir. Kişinin arzuları, fiziksel dünyanın dışındaki bir arzuya yönelmiştir.

Hepimizin olduğu gibi kalmasını ya da manevi anlamda değişmesini istediğimiz bazı eğilimleri vardır.

Kabala'ya
Uyanış

Michael Laitman

Maneviyatı edinme amacıyla içsel niteliklerini terk etme arzusundaki kişiye "insan," belli eğilimlerini bırakamayan kişiye "hayvan" denir.

Hayvansal derece, kişinin değiştirmeyi istemediği bir derecedir yani içsel niteliklerini değiştirmeyi reddeder. Örneğin, kişi belli içsel niteliklerden, manevi amaç için bile olsa kurtulmayı başaramaz. Bunlardan kurtulana kadar bu kişiye "hayvan" denir. Bu toplum ve Kabalist arasındaki farktır. Bu ayırım, bizimle Yaradan arasındaki en büyük farklılığı temsil eder. Bir Kabalist Yaradan'la bağ kurmak için yakarıp, zaten içinde var olan Yaradan niteliklerine göre ilerlerken, toplum doğasına doğru gelişir.

Kabalistle diğer insanlar arsındaki temel fark, aldıkları değil yaptıkları eğitimdir. Toplumun cansız, konservatif ve değişmeyen seviyede kalması en iyisidir. Topluma öğretilen her şey, değişmeden kalmalıdır. Bu şekilde insanlar kendilerini karışıklıktan ve asimile olmaktan korurlar. Ancak, bireyin başkalarına göre farklılığı, onun kalbinin rehberliğinde hareket ediyor olmasıdır. Dolayısıyla, bu insanların karşılaştığı durumlar sıradan insanınkilerle kıyaslanmamalıdır. Yaradan için arzu hisseden kişi, kendi benzersizliğini Kabala çalışması vasıtasıyla geliştirmelidir.

Michael Laitman

YENİ BİR ÇAĞ

Kabala çalışması birçok nesil boyunca kitlelere yasaklanmıştı. Kabalistler, kadınların, çocukların ve kırk yaşın altındaki (Kabala'da kırk yaş, anlayışı –bina- kişinin hayatın vermek olduğunu anlamaya başladığı yaşı temsil eder) erkeklerin çalışmasını yasaklamıştı. Diğer bir deyişle bu tip bir çalışma Kabala çalışacak kadar evrimleşmemiş insanlar için yasaklanmıştı.

Ancak, bir kıvılcım, ruhun ortaya çıkması hissi belirdiğinde, kişi mutlaka Kabala çalışmalıdır. Kabalist Kook'a, "Kimler Kabala çalışabilir?" sorulduğunda, şöyle cevaplamıştır: "Kim isterse!" Arzu, ruhun gelişimi için tek şeydir.

Baal HaSulam, eğer bir insan Kabala çalışmaya hazırsa ve bundan kaçıyorsa, o zaman bu insan tüm felaketlerin sebebidir çünkü o yaratılış yönetimine katkı sağlamamaktadır, demiştir. Realitenin kolektif yasası öyle inşa edilmiştir ki, eğer kişi realitenin yönetiminde aktif bir rol almaktan kaçınırsa, hissesine doğanın sert kısmı düşer. İnsanlık gücü ve doğanın gücü arasındaki bu fark dünyada trajediler ve acılar olarak hissedilir. Yaradan için bir arzu hissetmeye başlar başlamaz, kendimizi ve realiteyi nasıl değiştireceğimizi öğrenmek zorundayız. Eğer bundan kaçarsak, dünyaya daha çok kötülük getiririz.

Hocam Kabalist Baruh Aşlag, Baal HaSulam'dan önce (1884-1954), Judaizmle ilgili tüm kitapları, manevi edinim içindeki Kabalistlerin yazdığını söylemiştir. Tarih boyunca ulusları aydınlatan kişiler onlar olmuştur. Örneğin İngiliz mandası altındaki İsrail'de

(1917-1948), Baal HaSulam, Kabala ile ilgili bir dergi yayımlamaya çalışmıştır. Daha önce seçilmiş bir azınlığın edindiği manevi dereceye ulaşmak isteyenler için zamanın geldiğini görmüştür. Bu nedenle insanlara Kabala'yı anlatmaya başlamıştır. Fakat yine de çalışılan metnin basit ve anlaşılabilir bir ifadeye çevrilme ihtiyacı vardı. Ancak bundan sonra Üst Güce gerçekten çekim duyanlar ve kendi özgür seçimlerini yapabilenler, çalışmaya devam etti.

Geçmişte Kabala çalışmasına gerek yoktu. Baal HaSulam yüksek manevi derecelere sadece yazılı ve sözlü Tora vasıtasıyla ulaşan pek çok kişi olduğunu yazar. Oysa Kabala kitapları ıslah sürecinde kişiye yardım edecek üst ışığın aydınlığına sahiptir. Tüm manevi kitaplar "ıslahın sonundan" yazılmış olmasına rağmen, Kabala kitapları genel bir aydınlanma yerine, neslin üzerine büyük ışık çekmek ve özellikle bu zamanda manevi yükseliş arzusu içinde olanlar için yazılmıştır.

Böyle yüksek bir anlayış derecesine ulaşan kişi, artık yanlış yapmamasına rağmen başlangıçta ve yolun ortasında ruhunun köküne göre birçok farklı rotada yol alır. Dolayısıyla, Kabalistler her zaman birbirlerine açık olmazlar ve bazen diğer Kabalistlerden kendilerini gizlerler.

Bir keresinde hocam başkasıyla yaptığı konuşmayı bitirdiğinde, ona bu kişinin Kabalist olup olmadığını sordum. Şöyle cevapladı, "Sanırım, kısmen." Şaşırarak ilave ettim, "Kısmen derken neyi kastediyorsunuz?" Cevabı şu oldu, "Kendini göstermek istemiyor, bu yüzden anlamak imkânsız. Sana perdesini göstermeli.

Eğer bir Kabalist açığa çıkmak istemiyorsa, karşına içkili ya da değersiz bir kişi olarak çıkar. Eğer kendini açığa çıkarmak isterse, perdesini gösterir ve siz beraberce kolektif bir kapla çalışmaya başlarsınız ve her şey değişir. Bu tıpkı iki uzmanın onları çok ilgilendiren bir şeyi beraberce yapması gibidir. Birbirlerini çok iyi anlarlar; kelimelere ihtiyaç duymaz ve ortak bir keşfi paylaşırlar."

Islahı başarmanın pek çok yolu vardır ve onlar birbiriyle çelişmez. Ruhlar arasındaki birleşme ancak ıslahın sonunda gerçekleştiğinden, ruhlar birbirinden ayrıdır. Üst ışıkla son ve en büyük birleşmeden hemen önce, en büyük farklılıklar ıslah olur. Kolektif ruhun doğal sürecinin bu olduğunu anlamalıyız yani tüm insanlık bunu deneyimler. Genel toplum olduğu gibi kalmalıdır fakat buna layık insanlar ki bunlar çok azdır, Kabala çalışmaktan kaçmamalıdır.

Kabalistler herkese öğretmemiz gerektiğini söylemez fakat şunu anlamalıyız ki Kabala herkesi çalışmaya mecbur eden bir gelişim metodudur. İnsanlar sıklıkla gelir, dinler ve ayrılır ve bu şekilde kendilerini bir sonraki ıslaha hazırlarlar. Kabala kitaplarını okumak da bir ıslahtır ve gerisi Yaradan'a kalır.

Öğrenilen şey asla kaybolmaz. Kişi Kabala'ya gelip sonra ayrılsa bile, iki ya da üç yüzyıl sonra tekrar geri döner. Her insan farklı yaratılmıştır. Doğru ya da yanlış yoktur fakat belli bir düzen söz konusudur. Yukarıdan karar verilmiş bir şeye direnmemin yolu yoktur. Baal HaSulam'ın söylediği gibi kitaplar yazıp, bilgiyi dağıtmalıyız. Kim bu bilgiye ulaşırsa ihtiyacı var demektir.

Kabala'ya Uyanış

Michael Laitman

İlgisiz, hayvansal doğa içinde ya da "insan" olarak Yaradan'la sürekli temas halinde olmak, ortada asılı kalmaktan iyidir. Oysa bugün çoğumuz ortada sıkışmış durumdayız ve bu sebeple hayattan zevk almıyoruz. Bir zamanlar televizyonda maç seyretmek, yürüyüş yapmak ve bir barda vakit geçirmek bizim için yeterliydi. Fakat şimdi bir geçiş dönemindeyiz ve bu yüzden kötü hissediyoruz. Bu hoş olmayan durum birçok yıl sürebilir; kaçacak başka bir yer yok. Kral Davut'un söylediği gibi "Eğer cennete yükselirsem, Sen orda olursun; eğer yatağımı cehenneme yaparsam, Sen orda olursun."

Kendini Yaradan'la kıyaslayan kişi, bozuk olduğunu ve ıslaha ihtiyacı olduğunu hisseder. Mükemmellik, kişi kendi kötülüğünü gördükten sonra ortaya çıkar. Farklı bir manevi metotla yetiştirilen kişi, bir şeylerin eksik olduğunu hissetmez. Fakat bir gün kalpteki noktasını, Yaradan'ı hissetmeye başlar. Sonra farkı hisseder ve kötülüğün farkındalığına gelir.

Kabala bireylerin gelişimini engellememek için agresif ve zorlayıcı bir şekilde dağıtılmamalıdır. Ne için doğduğumuzu, hayatımızın anlamını kendimize sormalıyız. Tek yapmamız gereken kendimizi bu soruları sormaya getirmektir.

İnsanoğlu kendini ödülden ayıran tek varlıktır. Bu ödüllendirilmiyor demek değildir, fakat o farklı bir ödeme alır. Önce kendisi için bir şey almamak için kendisini kısıtlar. Buna "bariyeri geçmek" denir. Bundan sonra tamamen farklı bir hesaplama başlar -Yaradan'a ihsan etmenin amaç ve hedef olduğu bir hesap. Bundan sonraki tüm hesaplamalar, mümkün

Michael Laitman

olduğunca net bir şekilde hedefi belirlemek ve neyi edinmek istememizle ilgilidir.

Yaradan var, yaratılan var. Yaratılan, insanlık tarihinin başından ıslahın sonuna kadar çeşitli aşamalardan geçer. Bu dünyaya pek çok kez gelir, bir yaşamdan ötekine gelişiriz, tüm bunların bir amacı vardır. Belli bir dereceden başlayarak, kişi kendi evriminde aktif rol alır. Bu aşamada tıpkı bir şey bizi çekiyormuş gibi yukarıdan bir çağrı alırız.

Eğer kişi tüm bunların gerçekten var olduğunu bilirse, kendi gelişimini hızlandırabilir. Bunu öğrendiği an, bununla ilgili okumaya ve bilgi toplamaya başlar. Bu saran ışığın parlaklığını uyandırır ve gelişimi hızlanır.

ACIYA OLGUN BİR YAKLAŞIM

Eğer anti-Semitizm fenomenine olduğu gibi bakmayıp arkasındaki sebebi anlamaya çalışırsam, o zaman "insanlık" denilen manevi dereceden hareket etmiş olurum. Olayların özünü anlama becerisini kazandıran tek yol budur. Hayvanın avcıdan kaçması gibi bu olaylardan kaçmak yerine, dışsal sebepleri değiştirebilirim.

Kitap boyunca söylediğim gibi, bu dünyanın acılarının tek bir sebebi var: onların anlamını merak etmemizi sağlamak, acı seviyesinden, acıların amacını ve sebebini analiz edip düşüneceğimiz bir seviyeye yükselmek. Kabala ilminin yayılması, amacı ve acıların sebebini insanların fark etmesini sağlar. Böyle yaparak, sebepsiz yere acı olmadığını ve her şeyin Yaradan'dan geldiğini anlama zamanını kısaltabiliriz. Yaradan'ın yaptığı operasyonların amacı, bir seri negatif durum vasıtasıyla acıya olgun bir yaklaşım göstermemizi sağlayıp bizi geliştirmektir. Dolayısıyla bundan kaçmadan onları Yaradan'dan bir hediye olarak görmeliyiz.

Eğer doğru kullanırsak, bu deneyimleri sonsuz bilgi ve hazla sürekli olarak dolan bir kaba dönüştürürüz. Acının sıradan hissinin üzerine çıkıp, ona neyin sebep olduğunu anlamaya çalışırsak, saplanmak yerine acıyı veren, sopayı elinde tutan Yaradan'ı hissedebiliriz. Yaradan'ın bizden istediği budur! Sonra acı biter! Yaradan, sadece kendimizi hoşnut eden egoist arzularımız vasıtasıyla bizi amaca yönlendirir. Şeker için baştan çıkan bir çocuk gibi, Yaradan bize yükseliş(iyi his) ve düşüşler(kötü his) gönderir ve aşamalı olarak bizi O'nunla sürekli bir bağa getirmek ister.

Başlangıçta biz ve Yaradan arasındaki bu bağ kendi yararımızadır bir çocuk gibi şeker isteriz. Fakat sonra yaşamı devam ettirmek zorunda olduğumuzdan, tamamen farklı bir gelişim aşamasına, farklı bir haz ve ödül alma aşamasına geçeriz. Sadece beden aracılığı ile haz almaktan, bedenin üzerinde, beden hissine bağlı olmayan bir arzuya yöneliriz.

Diğer bir deyişle bedensel arzulardan çok daha büyük bir ödülün olabileceğini anlamaya başlarız. Bedenin korkuları omuzlarımızdan düşen bir palto, derisini çıkaran bir yılan gibi kaybolur. Artık bizim için neyin iyi neyin kötü olacağı hesabıyla hareket etmeyiz.

Yaradan'la temas kurmak için bu yaşama bel bağlamak zorunda kalmayız, Yaradan'la sürekli temas halinde olmak, fiziksel bedenden ve onun hislerinden özgürleşmek demektir. Bu ihtiyaç içimizde Yaradan için sürekli bir arzu yaratır. Bu o kadar güçlenir ki bedensel hazlar aklımızı Yaradan'dan uzaklaştırdığında, acı hissederiz.

Eğer kişi tüm bu his ve sezgiler zincirini deneyimlerse, "negatif" deneyimleri gönderdiği için Yaradan'a şükran duymaya başlar. Dolayısıyla, bu hisleri güçlendirmek önemlidir, böylece hiçbir dünyasal engel Yaradan'la kurulan içsel bağı bozmaz, aksine güçlendirir.

Bu temas kurulduğunda, Yaradan'la birliğin dereceleri edinilir: Asiya, Yetzira; Beria, Atzilut ve Eyn Sof. Temas yoğunlaştığında, buna manevi dünyalara yükseliş denir. Sonunda öyle kuvvetli bir bağ kurulur ki kendimizi tamamen Yaradan'a bağlar ve O'nunla birleşiriz.

Yaradan'la temasta olan Kabalistler fiziksel bedenlerindeyken, Yaradan hissiyatlarına ilave olarak kendi görevlerini de hissederler. Bu görev fiziksel bedenlerinde yaşarken çok az da olsa Yaradan'la bağı edinmek isteyen insanlara, yardım etmektir.

BNEY BARUH HAKKINDA

Bney Baruh, Kabala bilgeliğini tüm dünya ile paylaşan büyük bir Kabalistler grubudur. 38 den fazla dildeki çalışma araçları bir nesilden diğerine geçmiş otantik Kabala metinlerini temel alır.

Mesaj

Bney Baruh dünya çapındaki binlerce öğrencinin birçok çeşitli hareketinden oluşmaktadır. Her öğrenci kendi kişisel koşullarına ve yeteneklerine göre kendi yolunu ve yoğunluğunu seçer.

Son yıllarda grup, orijinal Kabala kaynaklarını çağdaş bir dille sunan gönüllü eğitim projeleriyle uğraşan bir hareket olarak büyüdü. Bney Baruh tarafından dağıtımı yapılan mesajın özü insanların birlik olması, ulusların birliği ve insan sevgisidir.

Binlerce yıldır, Kabalistler insan sevgisinin yaratılışın temeli olduğunu öğretmektedirler. Bney Baruh kesinlikle Din, Irk, Dil, v.b. bir ayırım gözetmez. Bu sevgi Hz. İbrahim'in, Hz. Musa'nın ve onların kurduğu Kabalist grupların günlerinden beri hakim olmuştur. İnsan sevgisi temelsiz nefrete dönüştüğü zamanlarda, millet sürgün ve ızdırap içine düşmüştür. Eğer bu eski-ama-yeni değerler için bir yer açarsak, farklılıklarımızı bir kenara koyup birleşmek için gerekli olan güce sahip olduğumuzu keşfedeceğiz.

Bin yıldan beri gizlenmiş olan Kabala bilgeliği şimdi açığa çıkıyor. Bizim yeterince geliştiğimiz ve onun mesajını uygulamaya hazır olduğumuz bir zaman için bekliyordu. Bugün Kabala ulusların kendi içlerindeki ve uluslar arasındaki gruplaşmaları, ayrılıkları birey ve toplum olarak çok daha iyi bir durumda birleştirecek bir mesaj ve çözüm olarak ortaya çıkmaktadır.

Tarih ve Kökeni

Kabalist Michael Laitman, Ontoloji (Varlık Bilimi) ve Bilgi Kuramı Profesörü, Felsefe ve Kabala konusunda doktora, Tıbbi Bio-Sibernetik konusunda yüksek lisans yapmıştır ve 1991 de, hocası Kabalist Baruh Şalom HaLevi Aşlag'ın (Rabaş) vefatından sonra Bney Baruh adlı Kabalist grubunu kurmuştur.

Kabalist Michael Laitman akıl hocasını anmak için onun anısına grubuna Bney Baruh (Baruh'un Oğulları) adını verdi. Hayatının son 12 yılında, 1979 dan 1991 e kadar onun yanından hiç ayrılmadı. Kabalist Laitman, Aşlag'ın en önemli öğrencisi ve özel asistanıydı ve onun öğretim metodunun takipçisi olarak tanındı.

Rabaş 20.yüzyılın en büyük Kabalisti Yehuda Leib HaLevi Aşlag'ın ilk oğlu ve takipçisidir. Yehuda Aşlag, Zohar kitabı üzerine yazılmış en kapsamlı ve en saygın tefsirin yazarıdır. Sulam Tefsiri (Merdiven Tefsiri) manevi yükseliş için eksiksiz bir metod ifşa eden ilk Zohar tefsiridir.

Bney Baruh tüm çalışma metodunu bu büyük manevi liderler tarafından kazılmış yol üzerine temellendirir.

Kabala Dersleri

Yüzyıllardır Kabalistlerin yaptığı gibi ve Bney Baruh faaliyetlerinin odağındaki en önemli ögesi olarak, Kabalist Laitman Bney Baruh'un İsraildeki merkezinde her gün 03.00-

06:00 (İsrail ve Türkiye saatiyle) arası verdiği dersler yer almaktadır. Dersler simultane olarak 7 dilde; İngilizce, Rusşa, İspanyolca, Almanca, İtalyanca, Fransızca ve Türkçe olarak çevirilmektedir.

Tüm Bney Baruh faaliyetleri gibi canlı yayınlarda dünyanın her yerinden olan binlerce öğrenci için ücretsiz olarak sunulmaktadır.

Finansman

Bney Baruh Kabala bilgeliğini paylaşmak üzere kâr amacı gütmeyen bir organizasyon olarak kurulmuştur. Bağımsızlığını ve niyetlerin saflığını koruyabilmek için Bney Baruh hiçbir devlet ya da politik oluşum tarafından desteklenmemektedir, fonlanmamaktadır ya da hiçbir kuruluşa bağlı değildir.

Çoğunlukla bu aktiviteler ücretsiz olarak sunulduğu için, grup aktivitelerinin temel kaynağı öğrencilerin gönüllü olarak katkıda bulunmalarından oluşmaktadır.

Kabalist Michael Laitman'ın Kabala'yı Arayışı

Bir çok derste ve röportajda Kabala'ya nasıl geldiğim bana sürekli sorulan bir sorudur. Kabala'dan uzak bir takım konuların içerisinde olsaydım muhtemelen bu sorunun geçerliliğini anlayabilirdim. Ancak Kabala hayatımızın amacının öğretisidir; hepimize çok yakın ve her birimizi ilgilendiren bir konu! Dolayısıyla bence daha uygun bir soru, Kabala'nın kişinin kendisi ve hayat ile ilgili soruları içinde barındırdığını nasıl bulduğum olmalı. Yani soru, "Kabala'yı nasıl keşfettiniz?" değil, "Neden Kabala ile ilgileniyorsunuz?" olmalı.

Hâlâ çocukluk çağındayken, tıpkı bir çok insan gibi, neden var olduğum sorusunu sordum. Bu soru, dünyevi zevklerin peşinde koşarak bu soruyu bastırmadığım anlarda sürekli beni rahatsız ediyordu. Bununla beraber, bu soruyu defalarca suni şeylerle, örneğin ilginç bir meslek edinip kendimi yıllarca işime adayarak ya da uzun yıllar peşinde koştuğum kendi ülkeme göç etmekle bastırmaya çalıştım.

1974 yılında İsrail'e geldiğimde de hayatın manası nedir sorusuyla hâlâ boğuşuyordum; yaşamaya değecek bir neden bulmaya çalıştım. Elimdeki imkânları kullanarak eski konuları (politika, iş hayatı vs) farklı yorumlarla ele alıp herkes gibi olmaya çalışsam da hâlâ bu ısrarlı soruyu silip atamıyordum: Hangi nedenden dolayı tüm bu şeyleri yapmaya devam ediyorum? Diğer herkese benzeyerek ne elde ediyorum?

Maddi ve manevi zorlukların etkisiyle beraber realiteyle başa çıkamayacağımın farkına varmam 1976 yılında beni dindar bir hayat yaşamaya getirdi, ümidim bu hayat tarzının bana daha uygun düşünceler ve fikirler getireceği ve yapıma daha uygun olacağı inancıydı.

Hiçbir zaman insanlığa özel bir meylim olmadı, sosyal bilimler, psikoloji ya da Dostoyevski'nin derinliğinin değerini ölçecek bir ilgiye sahip değildim. Sosyal bilimlerdeki tüm ilgim hep alelâde seviyedeydi. Belli bir düşünce ya da hissin derinliğinden kaynaklanmıyordu.

Buna rağmen, çocukluğumun erken dönemlerinden beri bilime güçlü bir çekim hissediyordum ve sanırım bu bana çok faydalı oldu.

1978 yılında tesadüfen Kabala dersleri için bir reklam gördüm. Hemen gidip kayıt yaptırdım ve doğamın geleneksel heyecanıyla Kabala'ya daldım. Bir çok kitap aldım ve bazen haftalarımı bile alsa cevaplar bulabilmek için bu kitapları derinlemesine çalışmaya başladım.

Hayatımda ilk kez böylesine derinden, özümden etkilenmiştim ve anladım ki benim ilgi alanım buydu çünkü yıllardır kafamı karıştıran konuların hepsiyle ilgileniyordu.

Gerçek bir öğretmen aramaya başladım, tüm ülkeyi dolandım ve bir çok yerde derslere katıldım. Ama içimden bir ses sürekli esas Kabala'nın bu olmadığını söylüyordu, çünkü benden değil soyut ve uzak şeylerden bahsediyordu.

Tüm bulduğum hocaları terk ettikten sonra bana yakın bir arkadaşımın da Kabala'ya ilgi duymasını sağladım. Akşamlarımızı birlikte, bulabildiğimiz tüm Kabala kitaplarını çalışarak geçirirdik. Bu aylarca sürdü.

1980 yılında soğuk, yağmurlu bir kış gecesi, Pardes Rimonim ve Tal Orot kitaplarını çalışmak yerine, çaresizlikten, kendimi de şaşırtacak şekilde arkadaşıma Bney-Barak şehrine gidip bir hoca arayalım dedim.

Orada bir hoca bulursak derslere katılmak bizim için uygun olur diye de teklifimi haklı çıkarmaya çalıştım. O güne kadar Bney-Barak şehrini sadece birkaç kere Kabala kitapları ararken ziyaret etmiştim.

O gece Bney-Barak soğuk, rüzgarlı ve yağmurluydu. Kabalist Akiva ve Hazon-İsh dört yoluna geldiğimizde camı indirip sokağın öteki tarafında uzun siyah palto giymiş bir adama seslendim: "Buralarda nerede Kabala çalışırlar bana söyler misin?" Dinci bir mahallenin ne tür bir atmosferi olduğunu bilmeyenler için bu sorunun kulağa çok garip geleceğini söyleyebilirim. Kabala hiçbir dini eğitim okulunda öğretilmiyordu. Hatta Kabala'ya ilgi duyduğunu başkasına söyleyecek kişiler bile bulmak mümkün değildi. Ancak sokağın karşı tarafında duran bu yabancı, sanki hiç şaşırmamışçasına bana cevap verdi: "Sola dön ve turunç bahçelerine gelene kadar devam et, orada bir bina var. Orada Kabala öğretiyorlar."

Tarif edilen yere geldiğimizde karanlık bir bina bulduk. İçeriye girdiğimizde yan bir odada uzun bir masa gördük. Masada dört beş tane uzun ak sakallı adam vardı. Kendimi tanıttım ve Rehovot'tan geldiğimizi söyleyip Kabala çalışmak istediğimizi ekledim. Masanın başında oturan yaşlı adam bizi katılmaya davet etti ve ders bittikten sonra konuşuruz dedi.

Sonra ders Zohar Kitabı'ndan Sulam tefsiriyle bir bölüm okuyarak, yarı Aşkenazi (Yidiş) dili mırıldanarak ve sadece yarı bakışlarla insanların birbirlerini anladığı bir ortamda devam etti.

Bu insanları görüp dinledikten sonra sadece yaşlılıklarını geçirmek için bir araya gelen bir grup adam sandım, henüz akşam fazla geç değildi ve Kabala çalışabileceğimiz bir yer daha bulmak için zamanımız vardı. Ama arkadaşım beni durdurdu ve bu kadar kaba davranmamın uygun olmadığını söyledi. Birkaç dakika sonra da ders sona ermişti ve yaşlı adam kim olduğumuzu öğrendikten sonra telefon numaralarımızı istedi. Bizim için uygun bir hocanın kim olabileceğini düşünüp haber vereceğini söyledi. Bunun da çabamızı daha önceleri gibi boşa harcamaktan başka bir şey olmayacağını düşündüğümden telefon numaramı vermekte biraz çekingendim. Benim tereddüdümü hisseden arkadaşım kendi numarasını verdi. Ve iyi akşamlar diyerek oradan ayrıldık.

Ertesi akşam arkadaşım evime geldi ve yaşlı adamın kendisini arayıp bize bir hoca ayarladığını ve hatta ilk dersin o akşam olduğunu söyledi. Bir geceyi tekrar boşa geçirmek istemiyordum ama arkadaşımın arzusuna boyun eğdim.

Tekrar oraya gittik. Yaşlı adam bir başkasını çağırdı, kendisinden biraz daha genç fakat onun gibi beyaz sakallı biri; genç adama Yidiş dilinde birkaç kelime söyledi ve ayrılarak bizi yalnız bıraktı. Hocamız hemen oturup çalışmaya başlayalım dedi. Bir makale ile başlamayı tavsiye etti "Kabala'ya Giriş"; ben ve arkadaşım bu makaleyi daha önce defalarca anlamaya çalışmıştık.

Boş odadaki masalardan birine oturduk. Bizlere her paragrafı açıklayarak tek tek okumaya başladı. O anı hatırlamak benim için her zaman çok zordur; yıllarca arayıp da hiçbir yerde bulamadıktan sonra sonunda aradığımı bulduğuma dair keskin bir his vardı içimde. Dersin sonunda bir sonraki gün için ders ayarladık.

Ertesi gün bir kayıt cihazıyla geldim. Esas derslerin her sabah saat 3 ile 6 arasında olduğunu öğrendikten sonra, her gece gelmeye başladık. Ayrıca her ay yeni ayı kutlama yemeklerine de katılmaya başladık ve herkes gibi merkezin masraflarına katkıda bulunup aylık ödemelerimizi yapmaya başladık.

Her şeyi ille de kendim keşfedeceğim arzusuyla genellikle de biraz agresif olarak sık sık tartışmalara girdim. Ve bizlerle olan tüm olaylar grubun hocasına hep gidiyordu ve o da bizler hakkında sürekli soru soruyormuş. Bir gün bizim hocamız sabah dersinden sonra saat 7 gibi grubun büyük hocasının benimle "Zohar Kitabı'na Giriş" kitabını çalışabileceğini söyledi. Ancak, birkaç ders sonra benim bu derslerden hiçbir şey anlamadığımı görünce, kendi hocam aracılığıyla bu derslerin durdurulacağını söyledi.

Hiçbir şey anlamamama rağmen onunla çalışmaya devam etmeye razıydım. İçsel anlamlarına inebilme ihtiyacının dürtüsüyle, sadece mekanik olarak okumaya bile hazırdım. Çok alınmama rağmen zamanımın gelmediğini bilmiş olsa gerek ki dersleri sona erdirdi.

Aradan altı yedi ay geçti ve bizim hocamız vasıtasıyla büyük hocamız onu arabamla doktora götürüp götüremeyeceğimi sormuş. Elbette hemen kabul ettim. Yolda bana bir çok konudan bahsetti. Ben ise ona Kabala ile ilgili sorular sormaya çalışıyordum. Ve o yolculukta bana, şu an ben hiçbir şey anlamıyorken benimle her şeyden konuşabileceğini ama gelecekte anlamaya başladıkça benimle bu kadar açık konuşmayacağını söyledi.

Ve aynen söylediği gibi oldu. Yıllarca sorularıma cevap vermedi bana şöyle derdi "Kimden talep edeceğini biliyorsun" yani Yaradan'dan bahsediyordu, "talep et, sor, yalvar, iste, ne istiyorsan yap, her şeyi O'na yönlendir ve her şeyi O'ndan talep et!"

Doktor ziyaretlerimiz pek bir işe yaramadı ve kendisini kulak iltihabından koca bir ay hastaneye yatırmak zorunda kaldık. Bu zamana kadar hocamı bir çok kez doktora götürdüm; ve hastaneye alındığı gün geceyi onun yanında geçirmeye karar verdim. Tüm bir ay boyunca hastaneye sabah 4'de gelir, telleri tırmanır, görünmeden binaya girerdim ve çalışmaya başlardık. Tüm bir ay boyunca! O zamandan sonra Kabalist Baruh Şalom Halevi Aşlag, Baal HaSulam'ın en büyük oğlu, benim hocam oldu.

Hastaneden ayrıldıktan sonra, sık sık parklara uzun yürüyüşlere gittik. Bu yürüyüşlerden döndükten sonra duyduğum her şeyi harıl harıl yazardım. Bu sık yürüyüşler her gün üç dört saat sürerdi ve zaman içinde alışkanlık oldu.

İlk iki yıl boyunca hocama sürekli daha yakına taşınabilir miyim diye sordum, ama yakında oturmamın bir gereklilik olmadığını hatta Rehovot'a gidiş gelişlerimin manevi çalışma açısından çaba olduğunu söyledi. Ancak, iki yıl sonra hocam yakına taşınmamı ve Bney-Barak'ta yaşamamı kendisi tavsiye etti ve nedendir bilinmez pek bir acelem yoktu. O kadar yavaş hareket ediyordum ki bu konuda, hocam gidip benim için kendisine yakın bir apartman dairesi buldu ve taşınmamı söyledi.

Hâlâ Rehovot'ta yaşarken hocama daha önce katıldığım bir merkezde Kabala çalışmaya teşebbüs eden birkaç kişiye ders verebilir miyim diye sordum. Bu haberi fazla heyecanlı karşılamasa da daha sonraları derslerimin nasıl gittiğini sordu. Kendisine Bney-Barak'taki grubumuza yeni kişileri davet edebileceğimi söylediğim zaman kabul etti.

Sonuç olarak bir çok genç erkek grubumuza katıldı ve birden tüm merkez cıvıl cıvıl hayat dolu bir yer oldu. İlk altı ayda yaklaşık on kadar düğün oldu. Hocamın hayatı ve günleri sanki yeni bir anlam kazanmıştı. Birçok insanın Kabala çalışmak istediğini görmesi kendisini çok memnun etmişti.

Günümüz genellikle sabah saat 3'de başlardı ve sabah saat 6'ya kadar çalışırdık. Her gün sabah saat 9'dan 12'ye kadar parka yürüyüşe ya da denize giderdik.

Döndükten sonra ben evime çalışmaya giderdim. Sonra tekrar eve giderdim ve sabah saat 3'de tekrar derse katılırdım. Bu şekilde yıllarca devam ettik. Tüm dersleri kasete kayıt ederdim, derslerin kayıtları bini geçti.

Son beş yılımızda, 1987'den itibaren, hocam beraber Tiberias'a yolculuk etmemizin iyi olacağını söyledi ve her iki haftada bir iki günlüğüne Tiberias'a giderdik. Bizi herkesten ayıran bu geziler aramızda bir yakınlaşmaya sebep oldu. Ama zamanla aramızdaki manevi algılayışın farkından kaynaklanan mesafe içimde giderek büyümeye başladı ve bu mesafeyi nasıl kapatacağımı bir türlü bilemedim. Bu mesafeyi, o yaşlı adamın her defasında fiziksel bir ihtiyacı nasıl geri çevirerek mutlu olduğunu net olarak algılayabildiğimde görebiliyordum.

Onun için sonucun net olduğu bir şey kanundu, ister yorgun olsun ister hasta günlük çalışma programı son derece disiplinli uygulanıyordu. Yorgunluktan yığılacak bile olsa günün gerekli olan tüm planını her detayıyla eksiksiz yerine getirirdi ve üstlendiği hiçbir şeyi tam halletmeden bırakmazdı. Yorgunluktan nefessiz kalıp, nefes darlığı çekmesine rağmen bir dersini bile atlatmaz, sorumluluğunu hiçbir zaman bir başkasına devretmezdi.

Onun bu olağanüstü gücünün, amacının yüceliğinden ve Yaradan'dan geldiğini bilmeme rağmen, onu sürekli böyle gördüğümde kendime olan güvenim sarsılır ve başarılı olma ihtimalimin olmadığını düşünürdüm.

Onunla T'veria ve Meron dağına yaptığımız gezilerin bir anını bile unutmam mümkün değil. Uzun geceler onun karşısında oturur, bakışlarını, sözlerini ve mırıldandığı şarkıları içime alırdım. Bu hatıralar içimde hâlâ yaşıyor ve bugün bile benim yolumu belirleyip rehberlik ediyorlar. On iki yıl boyunca her gün bire bir çalışmamızdan içimde kalan tüm bilgi, bağımsız olarak yaşıyor ve işliyor.

Sık sık hocam bir konuşmasından sonra çok alakasız bir cümle söylerdi ve bunu bu cümlelerin dünyaya girip yaşaması ve işlevlerini yerine getirdiğinden emin olmak için yaptığını söylerdi.

Grup çalışması Kabalistler tarafından çok eski zamanlardan beri yapılmaktadır ve ben de hocamdan yeni gelenlerden böyle gruplar oluşturmasını ve bu grupların bir araya gelmelerini düzenleyecek yazılı bir plan talep ettim. Bu şekilde haftalık makale yazmaya başladı ve hayatının son günlerine kadar da devam etti.

Sonuç olarak bizlere kendisinden sonra bir araya getirdiğimiz bir çok ciltlik muazzam materyal kaldı ve yıllar boyunca biriktirdiğim kayıtlarla birlikte, Kabala ilmi üzerine çok geniş kapsamlı anlatımlar oluşturduk.

Yeni yıl kutlamaları esnasında, hocam aniden göğsündeki bir baskıdan dolayı rahatsızlandı. Ancak çok yoğun ısrardan sonra tıbbi bakıma girdi. Doktorlar kendisinde hiçbir hastalık ya da rahatsızlık bulamadılar, ama Tişrei ayının beşinci gününde 5752 (1991) yılında vefat etti.

Son yıllarda gruba katılan bir çok öğrenci hâlâ Kabala çalışmaya devam etmekte ve yaratılışın içsel anlamını araştırmaktadır. Öğreti yaşamaya devam etmektedir, tıpkı geçmiş yüz yıllarda olduğu gibi. Kabalist Yehuda Aşlag ve onun büyük oğlu, hocam Kabalist Baruh Aşlag, çabalarıyla bu öğretiyi bizim neslimizin ve zamanımızda dünyamıza inen ruhların ihtiyacına göre uyarladılar.

Manevi bilgi Kabaliste Yukarıdan kelimeler olmadan aktarılır ve tüm duyu organları ve akıl tarafından eş zamanlı algılanır. Dolayısıyla, bütünüyle anında algılanır.

Bu bilgi sadece bir Kabalistten, ya aynı ya da daha Üst Seviyedeki bir başka Kabaliste aktarılabilir. Aynı bilgiyi henüz o manevi seviyeye ya da manevi dünyaya gelmemiş bir insana aktarmak mümkün değildir, çünkü bu kişi gerekli algıdan yoksundur.

Bazen bir hoca kendi perdesiyle (Masah) öğrencisini geçici olarak kendi bulunduğu manevi seviyeye çekebilir. Bu durumda, öğrenci manevi güçlerin ve hareketlerin özüyle ilgili bir nosyon edinebilir.

Manevi dünyaya henüz geçmemiş bir kişi için standart bilgi aktarım yöntemleri uygulanır: yazılar, sözlü anlatım, direkt iletişim, kişisel örnek vs.

"Yaradan'ın İsimleri" adlı makaleden de bildiğimiz gibi harflerin tarifi anlamının ötesinde bir şey, yani içsel manevi mesajı aktarmak için kullanılabilir. Ancak kişi manevi anlamlarına tekabül eden algıları edinmediği sürece, kelimeleri okumak masaya boş tabaklar koymak ve yanlarına güzel yemeklerin isimlerini yazmak gibidir.

Müzik daha soyut bir şekilde bilgi aktarmaktadır. Bizim dünyamızı yöneten ve yedi kısımdan ya da Sefirot'tan oluşan manevi varlık "Atsilut'un Partsuf Zer Anpin'i" gerçeğinin ışığı altında, tıpkı görünebilen bir ışık gibi, yedi temel güç -nitelik- tondadır.

Bulunduğu duruma göre, kişi müziği besteleyen Kabalistin manevi koşullarını çıkarabilir. Bu kişi melodiyi oluşturan Kabalistle aynı seviyede olmak zorunda değildir; içsel manasını kişisel manevi derecesinin mümkün kıldığı kadarıyla kavrayabilir.

1996, 1998 ve 2000 yıllarında Baal HaSulam ve Rabaş'a ait üç müzik diski kaydedilmiş ve çıkartılmıştır. Melodiler Kabalist Laitman'ın hocası Kabalist Aşlag'dan duyduğu şekilde sunulmuştur. Sözlere ek olarak, melodilerin sesleri de bir çok Kabalistik bilgi taşımaktadır.

Kabala Bilimi - Herkes İçin Manevi İlim Kitabı

Çağımızın büyük Kabalistlerinden Yehuda Aşlag ve onun oğlu ve varisi Baruh Şalom Aşlag, yaşamın temel sorusuna cevap getirir: Hayatımın anlamı ne? Zohar ve Yaşam Ağacı kitaplarının yorumlarına dayandırılan bu kitapla günlük yaşamda Kabala ilminden nasıl faydalanacağımızı öğreniriz. Büyük Kabalistlerin otantik metinlerine ilave olarak, bu kitap, bu metinlerin anlaşılmasını sağlayan pek çok yardımcı makaleyle birlikte, Kabalistlerin deneyimlediği Üst Dünyaların evrimini betimleyen çizimlerden oluşur.

Kabala Bilimi kitabında, Baruh Aşlag'ın kişisel asistanı ve baş öğrencisi Michael Laitman, manevi dünyaları edinmeyi amaçlayan Kabala öğrencileri için kadim makaleleri uyarlamıştır. Laitman günlük derslerini bu ilham verici makalelere dayandırarak, Üst Alemlere muhteşem yolculuğumuzda izleyeceğimiz manevi yolu daha iyi anlamamız için bizlere yardımcı olur.

Merdivenin Sahibi

İnsanlık tarihinin en yıkıcı çağının şafağında, 20. yüzyılda, gizemli bir adam insanlık ve onun acılarının alışılmadık çözümüyle, sosyo-politik arenada ortaya çıktı. Kabalist Yehuda Ashlag, yazılarında açıklıkla ve tüm detaylarıyla öngördüğü savaşları, karışıklıkları ve daha çarpıcı olarak da bugün yüz yüze kaldığımız ekonomik, politik ve sosyal krizi anlattı. Birleşmiş bir insanlık için duyduğu derin özlem, onu Zohar Kitabını açmaya -ondaki eşsiz gücü- herkes için ulaşılabilir yapmaya zorladı.

Kabalist, kabala, maneviyat, özgür seçim ve realitenin algısıyla ilgili bildiğinizi düşündüğünüz her şeye arkasını dönen, sinematik bir romandır. En yüksek edinim derecesine ulaşmış, tüm realiteye hükmeden tek güçle direkt temas içindeki insanın, hissiyatını ve içsel çalışmasını aktarmaya çalışan kendi türündeki ilk romanıdır.

Kabalist, bilimsel bir açıklık ve şiirsel bir derinlikle birlik mesajı verir. Dinin, milliyetin, mistisizmin, uzay ve zamanın şeffaf yapısının ötesine geçerek, bize tüm insanlıkla beraber doğayla ahenk içinde olduğumuzda, tek mucizenin içimizdeki mucize olduğunu gösterir. Bize hepimizin Kabalist olabileceğini gösterir.

Ölümsüz Kitabın Sırları

Musa'nın beş kitabı, tüm zamanların en çok satan kitabı Tora'nın parçasıdır. Bu şekliyle Tora, şifreli bir metindir. Masalların ve efsanelerin altında, insanlığın en yüksek seviyeye doğru yükselişini— Yaradan'ın edinimi- anlatan bir alt metin saklıdır.

Ölümsüz Kitabın Sırları, Tora'nın Yaratılış ve İsrail Halkının Mısır'dan sürgünü hikayeleri gibi en gizemli ve sıklıkla alıntı yapılan dönemlerinin şifresini çözer. Yazarın enerjik ve kolay anlaşılır üslubu, insanın kendi dünyasını sadece arzu ve niyetle değiştirebildiği realitenin en derin seviyelerine, mükemmel bir giriş yapmanızı sağlar.

Kitabı okurken Tora'da anlatıldığı gibi olmuş veya olmamış fiziksel olayların seviyesinin ötesine geçiş yapacaksınız. İçinizde Firavun, Musa, Adem, Havva, hatta Habil ve Kabil'in olduğunu keşfedeceksiniz. Onların hepsi sizin bir parçanız. Onları içinizde keşfettikçe ve Ölümsüz Sevgiye, Yaradan'ın edinimine doğru ilerledikçe, bu gizli realitenin muhteşem hazineleriyle bizi ödüllendiren Yaradan'ın sonsuz sevgisini de keşfedeceksiniz.

Kişisel Çıkar Özgeciliğe Karşı

Bu kelimelerin yazıldığı zaman, dünya hala İkinci Dünya Savaşından beri en uzun gerileme sürecini geçiriyor. Tüm dünyada on milyonlarca insan, işlerini, birikimlerini, evlerini ve en önemlisi gelecekleri için olan ümitlerini kaybettiler.

Ancak krizler tarih boyunca sürekli olağandı. Bu krizi geçmiş krizlere kıyasla farklı kılan insanoğlunun şu anki gerginliğinin yapısıdır. Toplumumuz çatışma içeren iki uç noktaya doğru çekilmiştir – bir taraftan globalleşme ile gelen bağımlılık ve öteki taraftan da giderek büyüyen kişisel, sosyal ve politik narsizm. Bu koşul dünyanın daha önce hiç görmediği bir felaketin oluşumu!

Bu karanlık geleceğin önüne geçebilmek için, Kişisel Çıkar Özgeciliğe Karşı, bu dönemde dünyanın önünde bulunan sorunlarına yeni bir perspektif getirerek, insanoğlunun bir dizi hatasına bağlamaktansa, gereklilikten büyüyen egoizminin sonucu olarak değerlendirmektedir. Bu anlayışla, kitap egomuzu bastırmak yerine, toplumun iyiliği için kullanmanın gerekliliğini dile getirmektedir.

Kabala ve Bilim

Prof. Michael Laitman eşsiz ve etkileyici bir kişilik: Kabala ve bilimin sentezini anlaşılır bir şekilde gerçekleştiren yetenekli bir bilimadamı

—Daniel Matt, Tanrı ve Big Bang kitabının yazarı: Bilim, maneviyat ve Zohar arasındaki harmoniyi keşfetmek.

Bu gezegendeki geleceğimiz için kritik tercihler yapacağımız bir dönemde, kadim Kabala bilgeliği seçeneklerimizi hem arttırdı hem de yeniledi. Klasik kutsal yazılarda yer alan bilgelik, yüzleşmekte olduğumuz ve önümüze açılan fırsatları taşıyabilmemiz için getirilmeli ve bu mesaj tüm dünyada tüm insanlara ulaşılabilir yapılmalı. Prof. Michael Laitman, diğerlerinden farklı olarak bu çok önemli meydan okumayı başarmaya ve bu tarihi görevi yerine getirmeye yetecek güçtedir.

—Prof. Ervin Laszlo, Kaos Noktası, Bilim ve Akaşik Alan kitabı da dahil 72 kitabın yazar : Herşeyin Birleşik Teorisi

Kadın ve Kabala

Bir arzu sonucu ortaya çıkanı ellerinizde tutuyorsunuz. Birçok kadın bir araya gelerek, yeni gelen bütün kadınlara Kabala çalışmasında yardımcı olabilmek için bu kitapçık üzerinde çalıştı. Toplanan soruların tümü Bney Baruh Kabala Eğitim Merkezine yeni başlamış olan kadın öğrencilerin sordukları sorulardan olulmaktadır. Cevaplar Dr. Laitman'ın kitaplarından, derslerinden ve konuşmalarından alınmıştır. Sorulan sorular bizim maneviyatı edinmek isteme ihtiyacımızdan ortaya çıkmıştır: bizler buna açız, kalplerimiz bunun ağırlığında haykırıyor. Bizler kendimizi her şeyi yapabilecek duruma hazır, amaca doğru erkeklerimizi desteklemeye hazır buluyoruz.

Dr. Laitman bize der ki: "Kadınların karşılıklı sorumluluk hissiyatı içerisinde erkekleri uyandırmak ve onları bir araya getirmek için bağ kurmaları gerekir ki, erkekler birbirleri ile bağ kursunlar ve bu birlik sayesinde maneviyata erişsinler. Daha sonra erkekler arasındaki bu bağ ve karşılıklı sorumluluk sayesinde maneviyat kadınlara da geçecektir. Bunun sonucunda herkes bir bütün olacaktır –ulusun erkek ve dişi parçası veya bütün insanlığın."

Işığın Tadı

"Bu nesilde bulunduğum için mutluyum zira artık Kabala Bilgeliğini yaymak mümkün."

Kabalist Yehuda Aşlag – Baal HaSulam

Binlerce yılın sonunda gizli olan Kabala Bilgeliği bizim neslimizde ifşa olmaya başladı. "Işığın Tadı" adlı bu kitap bilgeliğin üzerine bir pencere açmakta. Kitap, günümüzün her bireyi için ilk defa duygularında tadacağı bir lezzet ve kalplerinde yoğun bir anlayış sağlayacaktır.

Bu kitap neslimizin en yüce kabalisti Dr. Michael Laitman'ın her sabah verdiği canlı derslerden derlenmiştir.

Kabalanın Sesi

Bizim neslimizin en sonuncusu olan Büyük Kabalist Baruh Aşlag'ın öğrencisi ve kişisel asistanı olmak benim için çok büyük bir ayrıcalıktır. Basitçe söylemek gerekirse, tüm içtenlik ve sevgimle ondan öğrendiklerimi okuyucularla paylaşmaktan çok mutlu olacağım.

Dr. Michael Laitman

Kabala'nin Sesi, Kabala makalelerinden seçilerek ve derlenerek hazırlanmış olup, bu otantik bilgeliğin zengin ve tam bir mozaiğini meydana getiren on bölümden oluşmaktadır.

Bir Demet Başak Gibi

Neden Birlik ve Karşılıklı Sorumluluk Bu Zamanın Çağrısıdır

Bu kitap, bazı Yahudilerin en ürkütücü ve gizemli sorularına ışık tutar: Bu gezegendeki rolümüz nedir? Bizler gerçekten "seçilmiş insanlar mıyız?" Eğer öyle isek, ne için seçildik? Anti-Semitizme neden olan nedir ve bu iyileştirilebilir mi?

Tüm zamanların Yahudi tarihçileri ve bilgelerinin sayısız referansının kullanıldığı bu kitap, Yahudilerin ulaşmak istediği ama bir o kadarda tanımlaması zor hedefini yerine getirmek için bir yol haritası sunar: sosyal bağlılık ve birlik. Gerçekte birlik, yalnızca Yahudilerin bunu sabırsızlıkla bekleyen dünyaya vereceği bir hediyedir.

Birlik olduğumuzda ve bunu tüm dünyayla paylaştığımızda huzur, kardeş sevgisi ve mutluluk tüm dünyada sonsuza kadar hüküm sürer.

Kabalaya Uyanış

Dünyanız değişmeye hazır. Bu neslin en büyük Kabalistinin rehberliğinde sizde bunu gerçekleştirin. Micheal Laitman, Kabalayı Yaradan'a yaklaşmayı sağlayan bir bilim olarak görür. Kabala yaratılış sistemini, Yaradan'ın bu sistemi nasıl yönettiğini ve yaratılışın bu seviyeye nasıl yükseleceğini çalışır. Kabala manevi doyuma ulaşma metodudur. Kabala çalışması ile siz de kalbinizi ve sonuç olarak yaşamınız başarıya, huzura ve mutluluğa doğru nasıl yönlendireceğinizi öğrenirsiniz.

Kadim ilim geleneğine bu farklı, özel ve hayranlık uyandıran girişiyle büyük Kabalist Baruh Aşlag (Rabaş)'ın öğrencisi Laitman bu kitapta, size Kabalanın temel öğretilerinin derin anlayışını ve bu ilmi başkalarıyla ve etrafınızdaki dünyayla ilişkilerinizi netleştirmek için nasıl kullanacağınızı anlatır. Hem bilimsel hem de şiirsel bir dil kullanarak, maneviyatın ve varoluşun en önemli sorularını araştırır:

Hayatımın anlamı ne? Neden dünyada keder var? Reenkarnasyon manevi yaşamın bir parçası mı? Mümkün olan en iyi varoluş aşamasını nasıl edinebilirim?

Bu eşsiz rehber, dünyanın ötesini ve günlük hayatın sınırlamalarını görmeniz, Yaradan'a yaklaşmanız ve ruhun derinliklerine ulaşmanız için size ilham verecek.

Erdemliliğin Yolu

Bugün Kabala Bilgeliğinin insanlığa bir mesajı var:

Günümüzün sorunlarını ancak birlik ve beraberlikle çözüme ulaştırabiliriz. Problemler raslantısal değil, onları gözardı etmemeliyiz. Dahası, oluşan durumu doğru bir biçimde değerlendirebilirsek hayatımız yeni, mutluluk ve sükunet dolu bir yöne akmaya başlayacaktır. Gelişi güzel değil, gayet bilinçli bir şekilde yaşamımıza yön verebiliriz.

Üst Dünyaları Edinmek

Micheal Laitman'ın sözleriyle, "Özü tam bir özgecilik ve sevgi olan manevi nitelikleri anlamak, insan idrakinin ötesindedir. Bunun sebebi insanoğlunun bu tip hislerin var olabileceğini kavrayamaması ve herhangi bir eylemi yerine getirmek için teşvik bekleyip, kişisel kazanç olmadan kendini büyütmeye hazır olmamasından kaynaklanmaktadır. Bu sebeple özgecilik gibi bir nitelik, insana Üstten verilir ve sadece deneyimleyenler bunu anlayabilir."

Üst Dünyaları Edinmek, yaşamımızda manevi yükselişin muhteşem doyumunu keşfetmemize olanak sağlayan ilk adımdır. Bu kitap, sorularına cevap arayan ve dünya fenomenini anlamak için güvenilir ve akılcı bir yol arayan tüm insanlar içindir. Kabala ilmine bu muhteşem giriş, aklı aydınlatacak, kalbi canlandıracak ve okuyucuyu ruhunun derinliklerine götürecek olan farkındalığı sağlar.

Zoharın Kilidini Açmak

Zohar Kitabı(Aydınlığın Kitabı), şimdiye kadar yazılmış en gizemli ve yanlış anlaşılan yapıtlardan biridir. Yıllar boyunca kendinde uyandırdığı hayranlık, şaşkınlık ve hatta korku emsalsizdir. Bu kitap tüm Yaratılışın sırlarını içermesine rağmen, bugüne kadar bu sırların üzeri bir gizem bulutuyla örtülmüştür.

Şimdi Zohar, insanlığa yol göstermek için ilmini tüm dünyanın gözleri önüne sermektedir, şöyle yazıldığı gibi (VaYera, madde 460), "Mesih'in günleri yaklaştıkça, çocuklar bile ilmin sırlarını keşfedecek." 20. Yüzyılın büyük Kabalistlerinden Yehuda Aşlag (1884-1954), bize Zohar'ın sırlarını açığa çıkaracak yepyeni bir yol göstermiştir. Bu yüce Kabalist, yaşamlarımıza hükmeden güçleri bilmemize yardım edecek ve kaderimize nasıl hükmedeceğimizi öğretecek, Zohar Kitabına giriş niteliğindeki dört kitabı ve Sulam (Merdiven) Tefsirini yazmıştır.

Zohar'ın Kilidini Açmak, üst dünyalara nihai yolculuğun davetiyesidir. Kabalist Dr. Michael Laitman, bilgece bizi Sulam Tefsirinin ifşasına götürür. Bu şekilde Laitman, düşüncelerimizi düzenlemekte ve kitabı okumaktan kaynaklanan manevi kazancımızı arttırmaktadır. Zohar Kitabıyla ilgili açıklamaların yanı sıra kitap, bu güçlü metnin kolay anlaşılması ve okunmasını sağlayan, özenle çevrilmiş ve derlenmiş Zohar kaynaklı sayısız ilham verici alıntıya da yer vermiştir.

Kalpteki Nokta

Hayatın elimizden kayıp gittiğini hissettiğimizde, toparlanmak için zamana ihtiyacınız olduğunda ve düşüncelerinizle baş başa kalmak istediğinizde, bu kitap içinizdeki pusulayı yeniden keşfetmenize yardım edecek. Kalpteki Nokta, ilmi sayesinde tüm dünyada ve Kuzey Amerika'da kendini ona adamış öğrenciler kazanmış bu insanın makalelerinden oluşan eşsiz bir kitaptır. Dr. Michael Laitman bir bilim adamı, Kabalist ve büyük saygı uyandırarak kadim ilmi temsil eden büyük bir düşünürdür. Bu fırtınalı günlerde popüler www.kabbalah.info sitesi vasıtasıyla, gerçeği ve sonsuz huzuru arayanlar için umut ışığı olmaktadır.

Açık Kitap

Bu kitap çok temel görünse de, Kabala'nın temel bilgisini ifade eden bir kitap olma niyetini taşımıyor. Daha ziyade, okuyucuların Kabala kavramlarına, manevi nesnelere ve manevi terimlere yaklaşımını ilerletmeye yardım içindir.

Kişi bu kitabı defalarca okuyarak içsel görüş ve duyu geliştirir ve daha önce içinde var olmayana yaklaşır. Bu yeni edinilen görüşler, sıradan duyularımızdan gizlenmiş olan boşluğu hisseden algılayıcılar gibidirler.

Dolayısıyla, bu kitap manevi terimlerin düşüncesini geliştirmeye yardım amaçlıdır. Bu terimlerle bütünleştiğimiz ölçüde, tıpkı bir sisin kalktığı gibi, etrafımızı saran manevi yapının ortaya çıkışını içsel gücümüzle görmeye başlayabiliriz.

Yine, bu kitap olguların çalışılmasını hedeflememiştir. Bunun yerine, yeni başlayanların sahip oldukları en derin ve en güç algılanan hisleri uyandırmak için yazılmış bir kitaptır.

Dost Sevgisi

Grubun Amacı

Burada, Baal HaSulam'ın yolunu ve metodunu takip etmek isteyen herkes, bir grup olmak için bir araya geldik ki hayvan olarak kalmayalım ve insan denilen varlığın derecelerinde yükselelim.

Rabaş'ın Yazıları, 1. Bölüm, "Topluluğun Amacı"

Erdemliliğin İncileri

Erdemliğin İncileri, tüm nesillerin büyük Kabalistlerinin yazılarından, makalelerinden özellikle de Zohar Kitabının Sulam(Merdiven) Tefsirinin yazarı Yehuda Aşlag'dan derlenen alıntılardan oluşur. Bu yapıt, kaynağı referans alarak, insan yaşamının her aşamasıyla ilgili Kabalanın yenilikçi kavramlarını açıklar. Kabala çalışmak isteyen herkes için eşsiz bir hediyedir.

İlişkiler

"Bilim ve kültürün gelişiminin yanı sıra, her nesil kendinden sonra gelen nesle, biriktirdiği ortak insanlık tecrübesini aktarır. Bu bellek bir nesilden diğerine, çürümüş bir tohumun enerjisinin yeni bir filize geçmesi gibi geçer. Belleğin aktarımında var olan tek şey, Reşimo veya enerjidir. Maddenin çürümesi gibi, insan bedeni de çürür ve tüm bilgi yükselen ruha aktarılır. Daha sonra bu ruh yeni bedene yerleşir ve bu bilgiyi veya Reşimo"yu hatırlar.

Genç bir çiftin çocuğunun dünyaya gelişinde tohumdan gelen bilgiyle, ölmüş bir insanın ruhunun yeni bir bedene geçerken beraberinde getirdiği bilgi, arasındaki fark nedir? Neticede anne ve baba hayatta ve çocukları da onlarla beraber yaşıyor! Hangi ruhlar, onların çocukları oldu?

Yüzyıllar boyunca tüm uluslar, doğal olarak sahip oldukları tüm bilgiyi miras yoluyla çocuklarına geçirmek için büyük bir arzu duydular. Onlara en iyi ve en değerli olanı aktarmak istediler. Bunu aktarmanın en iyi yolu yetiştirme tarzı, bilgiyi öğretmek, kutsal olduğu düşünülen fiziksel eylemler yöntemi ile düzenli toplum oluşturmaya çalışmak değildir.

Kabalanın Temel Kavramları

Bu kitabı okuyarak kişi daha önce var olmayan içsel alametler geliştirir.

Bu kitap, manevi terimlerin analizini hedefler. Bu terimlere uyumlu olmaya başladıkça, etrafımızı saran manevi yapının tıpkı bir sisin kaybolmaya başlaması gibi örtüsünü açmaya başladığına tanık oluruz.

Kabala kitapları, Baal HaSulam'ın dünyayı kötülüklerden kurtarmanın sadece ıslah metodunu yaymaya bağlı olduğunu belirten yönlendirmelerini izlemeyi amaçlamıştır, tıpkı şöyle dediği gibi, "Eğer gizli olan ilmi kitlelere nasıl yayacağımızı bilirsek, kurtuluşun tam eşiğindeki bir nesil oluruz."

Bu gerçekleştirmenin tek yolu olan Kabala kitaplarını tüm dünyayla paylaşmak olduğunu biliyoruz. Bu sebeple tüm bu kitapları internette ücretsiz olarak yayınlıyoruz. Amacımız her köşeye bu ilmi mümkün olduğunca yaymaktır. Basılmış kitapları pek çok insana ulaştırabilir, onlar vasıtasıyla ilmin başkalarına yayılmasına yardım edebilirsiniz.

Kabalanın İfşası

Kabalaya gizli ilim denilmesinin 3 nedeni vardır. Birincisi kabalistler tarafından özellikle gizlenilmiş olduğundan. Kabalanın insanlara öğretilmesi ilk 4000 yıl kadar öncelerine Hazreti İbrahim'e dayanmaktadır MÖ 1947-1948 yıllarına. Milat tarihinin başlangıcına kadar geçen 2000 yıllık süreçte bu öğreti gizlenmeden halka öğretilmekteydi. Hz İbrahim'in çadırının önünde oturup geçen yolculara gösterdiği misafirperverlik hikâyesini biliyoruz. Sunduğu yiyecek ve içeceklerle birlikte aynı zamanda insanlara bu ilmi anlattığını da biliyoruz. O dönemlerde var olan ruhlar bizim neslimize göre daha arıydılar ve bu öğretiyi daha doğal olarak anlayabildiler.

Kabalanın Gizli Bilgeliği

Artan krizler dünyasında, fırtınanın ortasında bir ışığa, yanlış giden şeylerin nereden kaynaklandığını görmemizi sağlayan ve en önemlisi de dünyamızı ve yaşamlarımızı daha huzurlu ve yaşanabilir kılmak için ne yapmamız gerektiğini öğreten bir rehbere ihtiyacımız var. Bu temel ihtiyaçlar sebebiyle bugün Kabala ilmi milyonlara ifşa olmuştur. Kabala, yaşamı geliştirme metodu olarak düzenlenmiştir. Kabala bir araç ve Kabala İlminin Gizli Bilgeliği bu aracı nasıl kullanacağımızı öğreten bir yöntemdir. Bu rehber, bu kadim bilimi günlük yaşantımıza uyarlamanın yanı sıra, Kabalanın temellerini öğrenmek için ihtiyacınız olan bilgiyi bize sunar.

Kaostan Ahenge

Kaostan Ahenge: Kabala İlmine Göre Küresel Krizin Çözümü, dünyanın bugün içinde bulunduğu endişe verici aşamasına yol açan unsurları açığa çıkarır.

Birçok araştırmacı ve bilim adamının hemfikir olduğu gibi, insanoğlunun sorunlarının kaynağı insan egosudur. Laitman'nın çığır açan yeni kitabı sadece insanlık tarihi boyunca tüm acıların kaynağı olan egonun ifşasını değil, aynı zamanda egolarımıza bağlı olarak, mutluluğa nasıl ulaşacağımızı ve sorunlarımızı nasıl fırsata dönüştüreceğimizi de açıklığa kavuşturur. Kitap iki bölümden oluşur. İlki, insan ruhunun analizi yaparak, ruhun nasıl egonun zehri olduğunu ortaya koyar. Bu kitap mutlu olmak için yapmamız gerekenlerin ve acıya sebep olduğu için kaçınmamız gerekenlerin bir haritasını çizer. Kitap boyunca Laitman'ın insanlık aşamasının analizi bilim kaynaklı veriler, çağdaş ve kadim Kabalistlerinden alınan örneklerle desteklenmiştir.

Kaostan Ahenge yeni bir varoluş aşamasına kolektif olarak yükselmemiz gerektiğini ve bu hedefi kişisel, sosyal, ulusal ve uluslararası seviyede nasıl başaracağımızı gösterir.

Niyetler

Derste otururken, sizinle beraber çalışanlar vasıtasıyla uyanan müşterek ruha bağlı olarak içsel değişimleri deneyimlersiniz. Herkes, siz de dahil, hepimizi birleştiren Kaynağa bağlanır... Beraber çalıştıkça hepimiz birbirimize bağlanmaya çalışırız. En önemli şey, herkesin aynı Kaynağa, aynı düşünceye bağlanmasıdır... Sadece bu güç bizi birbirimize bağlar.

Ruh ve Beden

Zamanın başlangıcından beri insan, varoluşun temel sorusuna cevap aramaktadır: Ben kimim, dünyanın ve benim var olmamızın sebebi ne, öldükten sonra bize ne oluyor? Hayatın anlamı ve amacı ile ilgili sorularımız, gündelik hayatın sınamaları ve acıları, küresel bir boyuta ulaştı – neden acı çekmek zorundayız? Bu sorulara cevap olmadığından, mümkün olan her yöne doğru araştırmalar yapılmaktadır.

Kadim inanç sistemleri, şimdilerde moda olan doğu öğretileri, bu arayışın bir parçasıdır. İnsanlık sürekli olarak varlığının akılcı kanıtını aramaktadır; insan binlerce yıldır doğanın kanunlarını araştırmaktadır.

Kabala bir bilim olarak bunun araştırılmasında bir yöntem öneriyor. Bu yöntem, insanın evrenin gizli olan bölümünü hissetme becerisini geliştirmesine olanak tanıyor. "Kabala" kelimesi "almak" demektir ve insanın en yüksek bilgiyi alma ve dünyayı doğru pencereden görme özlemini ifade eder.

Yarının Çocukları

Yarının Çocukları: 21. Yüzyılda Mutlu Çocuklar Yetiştirmenin Temel Esasları, siz ve çocuklarınız için yeni bir başlangıç olacaktır. Yeniden başlat düğmesine basabilmeyi ve bu sefer doğru olanı yapmayı hayal edin. Hiçbir mücadele, hiçbir sıkıntı ve en iyisi, hiçbir tahmin yok.

Büyük keşif şudur ki çocukları yetiştirmek, tamamen oyunlardan, onlarla oynamaktan, onlarla küçük yetişkinlermiş gibi ilişki kurmaktan ve tüm önemli kararları birlikte almaktan ibarettir. Çocuklara dostluk ve diğer insanların iyiliğini düşünmek gibi olumlu şeyleri öğretmekle, nasıl otomatik olarak günlük hayatınızın diğer alanlarını da etkilediğinizi görünce şaşıracaksınız.

Herhangi bir sayfayı açın ve orada, çocukların yaşamlarına ait her alana dair düşünceleri sorgulatan sözler bulacaksınız: ebeveyn – çocuk ilişkileri, dostluklar ve sürtüşmeler, okullar nasıl tasarlanır ve nasıl işler konusunda açık, net bir tablo. Bu kitap, her yerdeki tüm çocukların mutluluğunu amaç edinerek, çocukların nasıl yetiştirileceğine dair taze bir bakış açısı sunuyor.

Sonsuza Kadar Birlikte

Yani, eğer bir gün siz de kalbinizin derinlerinde, hafif bir "Şak!" hissederseniz, bilin ki şefkatli ve bilge bir sihirbaz size sesleniyor, çünkü sizin dostunuz olmak istiyor.

Ne de olsa, yalnız olmak çok üzücü olabilir.

İNTERNET AĞIMIZ

Ana sitemiz:

http://www.kabala.info.tr/

İlk internet sitemiz olup en temel dokümanların yayınlandığı portal sitemizdir. Kabala hakkında Türkçe olarak yayında olan dünyadaki en büyük doküman arşivi olarak kabul edilebilir.

Dr. Michael Laitman'ın Blog Sitesi:

http://laitman.info.tr/

Hocamız Dr. Michael Laitman'ın günlük derslerinden derlediği kısa makalelerinin yayınlandığı blog sitedir.

Bu blog sitesi şu an 19 dilde yayın yapmaktadır ve Türkiye'deki öğrenci ve dostlarımızın katkılarıyla site Türkçe olarak da yayınlanmaktadır.

Dr. Michael Laitman'ın Eğitim Sitesi:

http://michaellaitman.com/tr/

Bu sitede Dr. Michael Laitman'ın uluslararası kamuoyunda dile getirdiği güncel sorunlara yönelik sunumlarını ve bu konularla ilgili uzmanlarla yaptığı söyleşileri takip edebilirsiniz.

Dr. Laitman, eğitim metodoloji ve uygulamaları ile günümüzde eğitimin geçirdiği en sıkıntılı dönemlerde olumlu değişimi desteklemektedir. Eğitime yeni bir yaklaşım sunarak, bağımlı ve integral dünyada yaşamın gereklilikleri için eğitime yeni bir yaklaşım sunmaktadır.

ARI Enstitü Merkezi:

http://ariresearch.org/tr/

ARI Enstitüsü, kâr amacı olmayan bir organizasyon olarak kurulmuştur. Eğitim uygulamalarına, pozitif değişime yaratıcı fikirler ve çözümlerle, şimdiki neslimizin giderek daha çok ihtiyaç duyduğu eğitim konularına kendini adamış bir organizasyondur. ARI, entegre ve birbirine bağlı yeni dünya düzeninin ve kurallarının farkına varılmasını ve küresel yeni dünyada uygulanmasını yeni bir düşünce yaklaşımı olarak sunmaktadır. İletişim ağları, multimedya kaynak ve aktiviteleriyle, ARI uluslararası ve farklı akademik çalışma grupları arasında işbirliğini desteklemektedir.

Kabala İlmi Eğitim Sitemiz:

http://em.kabala.info.tr/

Bu site internet olanakları kullanılarak en geniş kapsamlı eğitimi insanlara sunmak için yapılmıştır. İnternet ortamında bulunan sınıflar ve dünyanın en geniş kapsamlı Kabalistik metinler kütüphanesi gibi hizmetler sunan Bney Baruh'un tüm çabası, sorularınıza cevaplar bulabileceğiniz ve içinde yaşadığımız dünyayı daha iyi anlayabilmenizi sağlayacak olan bir ortam yaratabilme üzerine yoğunlaşmaktadır. Tüm kurslar ücretsizdir.

Media Arşivi:

http://kabbalahmedia.info/

Bu sitemizde yıllardır işlenmekte olan tüm ders, çalıştay ve söyleşi programlarının video ve MP3 arşivine ücretsiz olarak ulaşabilirsiniz.

Kabala TV Sitesi:

http://kabalatv.info/

Her sabah 03:00 – 06:00 arası yapılan canlı dersleri bu sitenin ana sayfasından takip edebilirsiniz. Ayrıca bu sitede Bney Baruh Kabala Eğitim Merkezi'nin Türkçe dilinde düzenlediği tüm video arşivini inceleyebilirsiniz. Bu sitede ayrıca 24 saat canlı yayın yapan TV odası ve aynı zamanda belirli zamanlarda canlı yayın yapan Radyo odasına ulaşabilirsiniz.

Sviva Tova – İyi Çevre:

http://kabbalahgroup.info/internet/tr/

Bu sitede Bney Baruh dünya topluluğu ile ilgili günlük bildirimleri takip edebilirsiniz. Bu bildirimler sayesinde tüm etkinliklerimizden haberdar olup bu etkinliklere internet üzerinden dâhil olabilirsiniz.

Ari Film:

http://www.arifilms.tv/

Ari Film yapımcılarının Kabala İlmi hakkında gerçekleştirmiş oldukları tüm sinema ve video çalışmalarına bu site aracılığıyla ulaşabilirsiniz.

Kitap Sitemiz:

http://www.kabbalahbooks.info/

30 farklı dilde yayınlanmış tüm kitapları bu sitede inceleyebilirsiniz.

Müzik Sitemiz:

http://musicofkabbalah.com/

Her birimiz müziği farklı algılarız. İki kişinin aynı melodiyi nasıl algıladığını karşılaştırmak mümkün değildir. Kabala, ruhun ilmi, bu nedenden dolayı kişiye özeldir. Kabala ruhun tümüyle açılıp, yaratıldığı zaman içinde mevcut olan mutlak potansiyeline ulaşması için bir yoldur.

Bu sitede yer alan melodiler, çok büyük kabalistlerden biri olan Baal HaSulam ve geçmişteki Kabalistlerin yaptıkları bestelerin farklı değişimleriyle düzenlenmesinden oluşmuştur. Ziyaretçiler ayrıca müzik ve Kabala ile ilgili bazı materyallere bağlantı bulabilirler.

Sosyal Ağlar:

Tüm sosyal ağlarımızın kısa linklerine sitelerimize girerek ulaşabilirsiniz.

Katkı Sunun

Kabala İlmi bir grup çalışmasıdır. Dünya'nın birçok ülkesinde grupları bulunan Bney Baruh Kabala Eğitim Enstitüsü tüm faaliyetlerini öğrencilerinin gönüllü katkıları ile sürdürmektedir. Bu katkılar bireylerin niteliklerine göre değişmektedir. Sitemizde de incelediğiniz gibi Bney Baruh, prensipleri gereği, kullanılabilecek tüm Öğrenim Araçları ile Manevi Bilgi'yi öncesinde hiç bir ön koşul öne sürmeden tüm insanlığa ücretsiz olarak götürmeyi kendisine ilke edinmiştir.

Bu doğrultuda Manevi Dağıtıma katkı sunmak isteyenler **turkish@kabbalah.info** adresine yazarak Bney Baruh ile iletişime geçebilirler.

NOTLARIM

www.ingramcontent.com/pod-product-compliance
Lightning Source LLC
Chambersburg PA
CBHW071434080526
44587CB00014B/1835